対　話

児童文学と国語教育をめぐって

さねとうあきら
鈴　木　清　隆

揺　籃　社

はじめに

本書はさねとうあきら先生との往復書簡をもとに編んだものです。2006年〈往復書簡①〉から2014年《往復書簡⑮》までの書簡による対話です。

わたしは公立小学校教員として1972年から2005年までこどもたちの「ことば」について実践と研究を続けてきました。その過程で児童期におけることばの学習は「あそびがいのちだ」という考えに至りました。『ことば遊び、五十の授業』（太郎次郎社）等でその具体例をまとめる機会を得ました。

あそびは、誰でも参加できるように必ず技法やルールがあります。ひとりでも、ふたりでも、集団でも成立します。誰でも参加でき、思いきり自分をさらけだすことができ、かつ疲れると離れることができます。しかも簡単なルールとはいえ互いに即興で行為を繰りかえすのです。即興は楽しさがあるとともに、他のこどもとの微妙な違いを表現したいと願ってする創造的な行為でもあります。ひとりひとりが実に異なるイメージや考えをもっていることを体験することができます。あきるまですることができ、全体が常に変化発展していくことを実感できます。幼児期、児童期のこどもたちにとって、あそび以上に大切な体験はないとさえ思ったものです。こうした実践と研究を通し、国語の学習全体を組み立てなおしてみたいと考えるようになりました。2006年には『国語教育における〈意味生成〉論序説』（私家版）を刊行し、自分の考えを整理しました。日本のこどもたちが自分の論理とことばで考えをまとめ主張する。その姿勢を公の場でも貫くことができる。そういうことを願って〈意味生成〉を整理したものです。それらの力が育つためには、たっぷりあそび体験をしたかどうかが何よりも大切です。そういう主張を「読み」「書き」「聞く」「話す」活動を整理しながらのべさせてもらいました。

こうした経歴からさねとう先生にしてみれば、『往復書簡』を快諾してくださる際、わたしを国語教育の一実践家と位置づけられたのではないかと思います。ところが当時のわたしは、公立学校の退職を間近にしており校内研究の講師として先生方と一緒に研究させていただく機会を除いて国語教育の現場からは離れつつありました。主たる関心は「現在の社会の不安定な動向」「自然体験とあそび体験のダイナミズムを保障されにくいこどもたちの環境」「若い人までひきこもり状態が継続しているという報道」「先生方の疲労感ただよう表情」等に移っていました。あそびを通して現れる表情とは逆に、焦燥感ただよう表情が教育の場に広がっていることが懸念されてならないからでした。幼児期、児童期、青少年期というエネルギッシュな時代を生きる若者が生活する環境が急速に悪化し、行動スタイルや気持ちにマイナスの影響がでていることが気になって仕方なかったのです。先生方が誠実に努力を重ねてきているのに、教育の現場の課題は減るどころか増え続けていて、「児童虐待」「ひきこもり」と呼ばれるような事態にまで至っています。こうした出来事は個人や家族において現れるにしても、必ず社会制度や社会集団のありかた、社会の価値観などと関連して起こっているはずです。親が幼児や児童期のこどもを死に至らしめる行為は現代の深刻な課題です。根深い問題です。背景には市場原理の価値観、消費文化の感覚が広く浸透していることがあるのではないでしょうか。生活は便利さをましたのですが、反面避けることのできないあたらしい課題をわたしたちに突き付けています。書簡による対話では実践を語ってみたいと思いながら、こどもたちをとりまく環境の悪化に向かうことが多くなっていきました。

書簡による対話の機会をいただいた当初は期待ばかりふくらみました。時代と状況のなかでご自分の考えを貫きながら創作活動を続けてこられた作家と対話させていただくことへの期待です。いざ対話が始まると逆に不安のほうが強くなりました。児童文学を研究したことがなく、児童文学にたいして無知であることから先生を困惑させるような事態になるのではないか、創作活動を妨げるようなことになるのではないか等と気になりはじめたのです。結局、自分が生きている現在の感覚をさらけ出すことでしか認識を深めることはできないのではないか、その思いで対話を続けさせていただこうと決めました。作品批評は勝手な読みを貫かせていただこうと肝に命じました。社会の課題と関連づけて作品を読みこむ方法をとることも決めました。こうしたことはわたしにとって意義があり、達成感のあることでした。ただ、さねとう先生は戸惑わされ、悩まされたのではないかと振りかえって恐縮せざるを得ません。

対話させていただいたテーマは「語りがもつ力」「創作民話の史的展開」「教科書検定による文学教材選定の問題」「いじめをめぐる作品の扱われ方」「こどもの環境とこどもの意識のかかわり」「作品の印象批評1『死なずのお六〔念仏三昧〕』をめぐって」「作品の印象批評2『風婆んば』をめぐって」「作品の印象批評3『おこんじょうるり』をめぐって」「作品の印象批評4『神がくしの八月』をめぐって」「体験としての戦争と消費社会の関わり」「疎開体験について」「民話の力」等です。

対話の期間中にも東日本大震災の地震と津波が海岸沿いの街、村を襲い、地域そのものを破壊する等、実に多くの出来事が起こり、現在も続いています。天災と呼ばれる大災害だけでなく、津波の影響による福島第一原子力発電所からの放射能汚染によって避難を余儀なくされた地域の方々もいらっしゃいます。地球温暖化と報道される局地的な暴風雨、竜巻が多くの地域で発生しました。国際政治でも戦乱のたえることはなく、悲惨な報道があとを絶ちません。そうした混沌とした時代と社会のなかで長期間にわたり率直に対話を重ねることができたことに深い喜びがあります。ただ、ひとつひとつのテーマを自分で深めることのないまま次々とさねとう先生に問題提起し続けてしまいました。面食らわれたと思います。にもかかわらず縁故疎開先での体験による村落共同体のあり方への根底からの批判意識、差別の拒否、物語創作の意図と情熱等、熱く語りかけていただくことができました。一作品、一作品ごとにテーマを吟味し、かつ先行する作家の作品を超えるべく力を尽くしておられる作家の魂にふれさせていただくこともできました。もちろんこどもたちの問題もご自身の体験を通して真正面からうけとめてくださいました。わたしにとってありがたい大きな出来事です。深く感謝申し上げます。

貴重な機会のきっかけをつくってくださったのは市田弘之先生です。市田先生はわたしの仕事上の恩師であるとともにさねとう先生と中学校以来のおつきあいを続けてこられた方です。その意味で市田先生との出会い、市田先生のご紹介の労がなければ本書は成立しませんでした。この場をおかりして市田先生に厚く御礼申し上げます。また「解説」をお書きくださいましたのは根本正義先生です。先生は「大衆児童文学」「国語教育」「児童文学」「鈴木三重吉」「赤い鳥」「新美南吉」「マンガ文化」等多岐にわたるテーマで独自の視点からご研究をすすめておられる方です。厚く御礼申し上げます。本書で扱われたテーマに別な視点からスポットをあてていただきました。そのことからより多くの方々が対話、討論に参加しやすくなったのではないかと思います。ありがとうございました。

２０１４年10月10日　多摩川べりの寓居にて

鈴　木　清　隆

目次

はじめに（鈴木清隆） 1

書簡① 誰が関わっているかによって伝承の質が異なっていく …… 鈴木清隆 9

書簡② わたしの作家的営みは、「教育的配慮」とのあくなき戦いだった …… さねとうあきら 15

書簡③ 批評行為が軽んじられてきたことは
大人の文学受容の貧しさを端的にあらわしている …… 鈴木清隆 25

書簡④ 岩手県の遠野の里で、「生産地」の民話にめぐりあった …… さねとうあきら 35

書簡⑤ 輪廻転生のふしぎ（あるいは謎）は、「メビウスの輪」にも似て …… 鈴木清隆 47

書簡⑥ 教壇から一方的に押しつける教材でなく、
子どもの参加をうながす民主的教材を …… さねとうあきら 59

書簡⑦ 作品「バレンタインデー」はいじめの課題を解く一つの道筋を提示している …… 鈴木清隆 71

書簡⑧　本来、児童文学批評は、
〈子ども寄り〉の視点で論じられるべきである　……………　さねとうあきら　85
書簡⑨　地球的規模の問題は、人間の側からは照射されず、
野生の立場を共有しない限り、見えてこない　……………　さねとうあきら　99
書簡⑩　からだとの出会いをこどもたちに保証することが人間形成につながる　……………　鈴木清隆　109
書簡⑪　戦後30年を経て、戦争は「民話」になった　……………　鈴木清隆　123
書簡⑫　バーチャルな映像こそ「真」で
手応えのある実像の方を「虚」とする錯覚　……………　さねとうあきら　131
書簡⑬　疎開した少年少女に降り注ぐ、「ヨブ記」さながらの試練　……………　鈴木清隆　143
書簡⑭　「戦争」と「マス・メディア」の関連を探る　……………　鈴木清隆　159
書簡⑮　「ワレラ少国民」は、愚直にアノ戦争を戦い抜き、
ついに「民主主義」にたどりついた　……………　さねとうあきら　181
あとがき（さねとうあきら）　200
解説　根本正義　204

《書簡①》 鈴木↓さねとう

誰が関わっているかによって
伝承の質が異なっていく

さねとう　あきら様

先日は狭山市のお宅におじゃまさせていただきました。さまざまなお話を伺うことができました。話題のひとつひとつをつっこんで対話させていただけないだろうかという思いが募ってきました。思いつくままに項目をあげてみます。

(1)　現代における創作民話　(2)　創作民話の語り化
(3)　読者としてのこども　(4)　教科書と児童文学作品
(5)　児童文学の変遷　(6)　こどものことばがもつエネルギー

どの項目もその内容は「児童文学」に結びついています。しかし「児童文学」を一通り学ぶとすれば「入門書」にあたればよいことです。それにもかかわらず、さねとう様にこうして対話を試みております。是非対話させていただきたいと考えた根には、さねとう様が〈書くこと〉や〈こども〉についてはっきりとした考えをもち、その考えを貫いてきたという、その一貫性に強い印象をうけてきたことがあります。

わたしが「さねとうあきら」という作者をわすれられなくなったのは『しなずのお六』という絵本にであったからです。放課後の学校図書館でたまたま手にしたのがきっかけです。今絵本が手元にありません。ストーリーは誤解していることがあるかもしれません。ただ、わたしの記憶に残っている話の構造は鮮やかです。ひとりの老婆がいて、こどもを育て、孫を育て、ひ孫を育てるのです。シワシワになった老婆のむねに赤ん坊がしがみつき乳をすう。すると、そのたびに老婆の胸から乳がでてくるのです。その背景には戦や飢饉がよこたわっていることもさりげなくふれられていたと記憶しています。わかりやすい構造なのですが、そこに描かれた内容は不思議な魅力をもっていました。

また次のような作者の主張にも興味を惹かれます。

民話作家として半生を捧げることになったわたしは、自作を文字の形で残すより、〈語り〉に託した方が理にかなっているのでは――と思い、近年、自作を〈語りの本〉化する作業に、かなりの時間をさいてきた。（『語りの本・民話篇2　愛の曼陀羅図』Ｐ２０８～２０９〈春牛社〉）

この主張は物語が発生する原初的な場所について述べておられます。こどもたちと接する仕事を続けてきましたが、その体験から〈語り〉は伝承の核であると実感してきました。その事情を少し説明させていただきます。教育という行為は〈教材〉を媒介としてこどもたちと相わたる仕事です。〈教材〉には知識や法則や考え方などの情報がたっぷりと凝縮されています。そのために教師は〈教材〉とこどもたちを円滑に対面させればよいという視点から教育の方法が考えられてきました。多くの工夫も蓄積されてきました。その方法は実現されているのでしょうか。工夫は有効なのでしょうか。実現されていますし、有効性もあるレベルで確認することができます。「～方式」という呼称の教育方法はその洗練された形態です。チェーン店化するほどの広がりで教育市場に定着しています。系統づけられた〈教材〉によってこどもたちの知的な能力と技能を向上させる方法が社会化されているといえます。確かに「1+1=2」は〈誰〉であっても変わらないという結果があります。これは合理的な精神の働きによって蓄積された知識の体系です。この結果は〈誰〉から伝えられるにしろ変わることはありません。この結果を学ぶことは〈誰〉からであることも絶対条件ではありません。人を介さなくても教材の配列によって効果を上げることができる事柄です。しかし教育という行為はその方法だけでよしとできるのでしょうか。わたしの考えは否です。どのように系統化された〈教材〉の配列でも、その現場をよく吟味すると、必ず〈誰〉が関わっているのかによって伝承の質が異なるからです。〈誰〉からの生の語りを通して〈教材〉が伝えられたのかどうかということが意味をもつのです。特に幼児期、児童期のこどもたちにはこのことが重要です。

＊

誰のどのような解釈と気持ちで〈教材〉が語られるか——そのことは無視できないと勝手に述べてきました。さねとう様が作家として〈語り〉に託すという思いを述べられていることと対応できる問題ではないでしょうか。ここには大事な問題が隠されています。さねとう様のことばを借りれば「語ることにより、生命が宿るものであるならば、日々刻々、民話は創作されている」（P210）という考えです。しかしその考えは一般に広がっていません。逆に生の語りからできるだけ離れて文字化されてこそ意味と価値があると考えられているのが実情です。近代の日本社会では〈作品が語る〉のであるという価値観が先行し、詩や小説の一節を実作者が朗読することは最近ようやくはじまったばかりです。〈作品に語らせる〉思いで書き続けることが作品の完成度を高めるためのエネルギーをかきたてるのかもしれません。しかし、書きことばの歴史以上に話しことばの歴史の方が長いことを考えるとき、〈語り〉の力を軽んじることはできません。

さねとう様はずっと書くことで創作活動をつづけてこられたわけです。その方が現在という時代のなかで〈語り〉化を願うにいたった思いはどのようなものなのでしょうか。そして〈語り〉化に向けてどのような活動をつづけておられるのでしょうか。また〈語り〉に立ち会うこどもたちや大人にどのような感慨をお持ちでしょうか。そのあたりからお伺いできればと思います。

２００６年２月20日

鈴　木　清　隆

《書簡②》さねとう↓鈴木

わたしの作家的営みは、「教育的配慮」とのあくなき戦いだった

鈴木　清隆　先生

東海地方へ講演旅行に出かけ、戻りましたらお便りが届いておりました。旧友市田氏との縁で、はからずも先生にお目にかかるチャンスを得て、当方こそ光栄至極！　当日頂戴しました御著『ことば遊び　五十の授業』や「蝸牛」誌掲載の巻頭言・エッセイなどを拝読、ウムウムとうなずいたり、クスクス笑ったりしながら、子どもたちの反応を介して、「コトバ」の本質に迫る鋭い提言に、深い感銘を受けました。市田氏の言う「国語教育の稀にみる逸材」が、決して誇張ではないと確信させてくれました。

さて、かねてからご教示を得たいと思っておりました鈴木先生より、〈往復書簡〉の形で交流したいというお申し出、当方にとりましても非常に有益で、願ったり叶ったりです。わたしも七十歳を越え、自分の文学的営為を通して確かめた意見なり見解を、この際、整理・総括したいと考えておりましたので、そういうものを文書化しておくいいチャンスを与えられたと、喜んでおります。

＊

このたび先生が提起された問題は、非常に多岐にわたっておりまして、一挙に論じ尽くせるものではありませんが、往復書簡を交わすうちに、追々深めていけると存じますので、今回は「児童文学作家とは何か」「語りとは何か」につきまして、わたしの個人的見解を明らかにしておきたいと思います。

かつては「童話」とも言われ、それなりに長い変遷の歴史を経てきた「児童文学」ではありますが、その概念については不確定な要素も多く、従って今日の状況を有り体に申せば、およそ個人的な、各個バラバラな思い付き、決め付けの類が幅をきかせています。こうした混乱が概念の不統一を生み、学問としての「児童文芸学」確立の妨げになりました。客観的な価値観基準が整備されていないために、作品批判が個人的な好悪の範囲に限定され、そうした内向き志向が、社会的プレゼンテーション（自己説明）の面で、圧倒的な遅れをとる原因にもなりました。マンガ・アニメーションなどに比べて、およそ注目されることのない日陰の身に甘んじているのが、児童文学の偽らざる現状といえましょう。

児童文学を呼号するからには、「文学」の一ジャンルであることには間違いなさそうですが、作者が自由に発想し作品化したものを、読者が自由に選択して、自由な感想を得る——という近代文芸の定式に、児童文学に限って「教育」なるファクターが介在、作者と読者の自由な交流を阻害してやまないのです。「わたしの三〇年に及ぶ作家的営みは、教育的指導配慮との妥協なき闘いであった」と、かつて悲嘆の心境を述懐したこともありましたが、そもそも作者と読者の間に夾雑物を介在させることが文学としての未成熟を物語っており、その自立を妨げ続ける要因にもなっているのです。これは作者を不幸にすると同時に、読者をも不幸に追いやり、児童文学を覆う影を深くしています。

文学表現の大前提には、何よりもまず自己を偽らぬ「誠実さ」——全面的自己開示なくして読者の信頼は得られないはずですが、児童文学の場合、社会的要求として、子どもに対する一方的な「道徳訓話」を求められがちで、作者は自らを聖人君子になぞらえ、およそ身にそぐわない、空疎なお説教の一つでも垂れねばならなくなります。日常のおのれとは無縁の、一つも悪を為さぬ、善行の固まりを演じるのは、途方もない苦痛にはちがいありませんが、そんなウソに付き合わされる読者（子ども）にしてみれば、もっと絶望的です。人為的に人を欺く「不誠実」が混入しただけで、文学としては不純なものになってしまうはずなのに、不思議なことに、児童文学はそれを前提に成立しています。自分が出来もしない徳目をかかげ、読者（子ども）にのみ実行を迫るのは、不公正な欺瞞としか言いようがありません。それが不公正なことだとさえ気づかぬ（気づこうともしない）低次な段階に留まっていることが、子どもに児童文学が不人気な原因になっているのではないでしょうか。

児童文学が「童話」といわれた昔から、一種、教育の具と位置づけられ、「教訓性」を盛り込むことを当然とする伝統が、連綿として受けつがれてきましたが、こうした構造を是が非でも破壊（今流に言えば、改革）して、作者と読者の風通しを良くする（文学として自立する）ことなしに、瀕死の児童文学を救済する方途はないことを、過去二〜三十年の歩みが教えていると思います。大胆に極言させていただくならば、この手の「教育的配慮」こそ児童文学を失速させ、頽廃を招き、本来の読者である子どもへの伝達を遮断してきた、とわたしのような作り手は考えるのですが、校長先生でいらした鈴木先生は、如何思われるでしょうか？

＊

ならば、（わたしが理想とする）本来の児童文学の姿は、いかようなものか？　これを解明するには、「児童文芸学」と言うべき学問体系の存在が必須の条件になりますが、わたしが作り手として脳裏に浮かべるその概要を、断片的に記述しておきますと、まず第一に作者が自由に発想し、読者が自由に選択、自由な感想を得る——文学の基本形は、児童文学においても厳格に守られるべきでしょう。作者は作品におのが人生の全てをかけて立ち向かい、読者である子どもも、幼少ながらおのれの生い立ち、生きざまをかけて読むのが、ごく自然で当たり前の文学的営みと思います。先生のお便りの中にあった「教育という行為は（教材）を媒介としてこどもたちと相わたる仕事です」という、わたしの大好きな一節を借用させていただくならば、「教育」を「文学表現」に、「教材」を「作品」と置き換えれば、わたしの痛切な思いを伝えるのに十分でしょう。そうです、まさに相わたるのです！　一対一の真剣勝負、ガッキとわたりあうのです！　この爽快さをいったん味わってしまったら、作家稼業、もうやめられません！

　しばしば誤解されるように、児童文学は大所高所から、偉そうに道徳のお説教を垂れるのでもなく、また子どもにおもねって、ゲームまがいの軽読物を提供するものでもありません。子どもの（人生）をトコトン尊敬して、大人である作家がおのれの「生」をひっさげて立ち向かう異世代間の神聖な営みです。（子どもを遊ばせ上手な、優れた教育者である先生ならば、きっと共鳴してくださるでしょう）ここで一つ問題になるのは、子どもと大人の立場のちがい――保護するものとされるもの、守るものと守られるもの、教えるものと教わるもの――といった位相の違いが、ときには越えがたい壁として立ちはだかることです。童話と言い児童文学と言い、通常作り手は大人で、受け手は子どもです。とかく表現者である大人は、立場のちがいを無視して、大人にしか通じない表現を押し通したり、陳腐な感傷を押しつけたりします。この手の作家の作品には、今という瞬間を溌剌として生きる（あるいは絶望の淵に沈む）現代の子らの姿は不在です。そもそも送り手である作者の側に、立場のちがう子どもの心を忖度する洞察力を欠いたら、現代の児童文学として成立するはずはないのです。

　優れた児童文学作家は、自分の思想なり感受性をしっかり維持しながら、表現手法はことさら念入りに、子どもの感受性（心理、生理）といったものを洞察して、自分の思いを受け渡す切り口（接点）に細心の注意を払います。わたしが感心した例に、安藤美紀夫という作家が描いた『でんでんむしの競馬』（注1）があります。これは一九四〇年代とおぼしき大戦前夜の京都の裏町を舞台に、この時代をいっしょけんめい生きる子どもらの群像を描いています。いわば〈戦争物〉なのですが、子どもを哀れな被害者としてではなく、当時の日本人なら当然すぎるほど当然だった、積極的に戦争に参加し協力する姿を、余計な粉飾などしないでありのままに出すことにより、戦争の悲惨さをみごとに表現しました。そこには、トンボとりに熱中する子もおれば、軍国教育についていけない不登校児、海兵受験のために母親から尻をたたかれる子、遊びの中にも戦争があり、戦時下でもはち切れそうなバイタリティを発揮した、子どもらの真実の姿がリアルに描かれ、戦無派の子ども読者にも深い感銘を与えました。

つまり、位相の相違を乗り越えるためには、個別的な問題を徹底的に煮詰めて、大人と子ども、共通普遍の場へ移行させる発想が肝心で、児童文学が大人のナマの体験から離れて、必ず虚構化されねばならぬ理由になっています。大人の愚痴っぽい思い出話ほど、退屈なものはありません。子どもの身になって、どういう切り口で迫ったら、受け止めが可能か、誠実な作家ならば最も腐心するところであります。これらの方法論を厳密にくくりだして体系化する作業が、今日しきりに待たれますが、児童文学界にも児童文学学界にも、まだその方向性を模索する動きは見えず、切歯扼腕、残念至極であります。（将来は教職課程の中に、「児童文芸学」を取り入れるべきでしょうね。良い教師が育ちそうな予感がします）

＊

たいへん雑駁な議論になってしまいましたが、「児童文学」についてはこれくらいにして、「語り」につき二、三、思うところを附記いたします。

小澤俊夫の『グリム童話の誕生』（注2）によれば、十九世紀初頭、口移しで語り伝えられてきた〈民間説話〉をグリム兄弟は消滅するのを恐れて、聞き取り・採集していったわけですが、当初は野卑で残酷なシーンも語られるがままに収録されたのですが、版を重ねるごとに、方言丸出しの荒々しい叙述は洗練され、普遍性のある標準語表現へ移しかえていくことで、ドイツの寒村に語り伝えられた素朴な民譚も、人類共通の財産にまでなりました。こういう事実に着目すると、先生の「文字化された文化は、できるだけ生の語りから離れてこそ作品としてまとまる」とのご指摘、十分な裏付けもあり諒解できます。グリム兄弟は手広く採集して、普遍的なものへ練り上げていく〈帰納法〉に徹して、あの成果を得たことになります。

「創作民話」の場合は、そもそも〈伝えるべきテーマ〉が先にあり、いわばそれをまぶしていく素材として「民話」を選ぶわけで、グリム兄弟とは逆の〈演繹法〉を用いています。ただし、リアリズムを欠いた荒唐無稽は絶対に禁物で、この風土に根ざしたあり得べき民間伝承を創作していくからには、語り継がれてきた「民話」、並びにその背景となった民衆の生活を、つぶさに洞察する必要があり、そうした努力の結晶が、わたしの第一作品集『地べたっこさま』でした。個（作家）の主張を強く打ち出すという点では、まぎれもない〈近代文学〉でしたが、民話的話法（語り口）を徹底的に生かし、生活の断面をリアルに反映させる手法で、創作民話の新たな地平を拓いた手応えがありました。西洋に発する〈近代〉と負の側面を克服した〈日本の伝統〉が、好ましい形で融合する日も近いのじゃないか、と期待させてくれたのですが——それはほんの一時期、例外的に発生した幻の椿事にすぎなかったことが、やがて判明します。

それから四半世紀を経て、今や、幼い子らの周辺から「民話」の気配は消え失せてしまいました。一九八〇年の強権による「国語教科書攻撃」により、「民話教材」が標的となる不幸な事件もありましたが、それを機に出版社が創作民話の出版を手控えるようになると、急速に読者の関心も薄れてゆきました。今や子どもたちは、ゲーム機やPCなど、バーチャル世界の虜になっています。民話の退潮はアイデンティティの喪失につながり、魂までメタリックなものに加工されようとしています。昨今、連日のように報道される、無垢な幼児への残忍な虐待、その仕返しのような異常で衝動的な少年犯罪の数々、このままでは未来そのものまで奇形化されそうな、由々しき危機に直面しています。活字媒体から追放されようとしているならば、民話を語りの場へ連れ戻しても守り抜かねばならぬ――わたしが悲愴な覚悟を固めた所以です。

いったん文字化したものを「語り」に還元するのは、普遍性を捨てて個別性への先祖帰りをするようもので、かなりの決断を要しました。いわば窮余の一策として、スタンスの変更を迫られたわけですが、案ずるより生むが易し。今世紀に入ってから五年間の実績を総括すると、質量ともたしかに充実してきました。語りの形態もスタンダードの一人語りから、掛け合い風の二人芝居、グループで語る放送劇スタイルと多彩です。楽器とのコラボレーションも多彩で、篠笛、琵琶、太鼓、三味線などの邦楽器、クラシック・ギターにアンデスの笛が加わった例もありました。わたしの主義として、実演の現場を努めて訪れるようにしていますが、近郊まで含めて東京圏はもちろんのこと北関東、東海、近畿圏、九州一円と、核になる人材さえ得られれば、着実にその周辺に浸透していく傾向が認められます。

つまり語りというものは、人から人へと伝達されていくために、語り手の表現の巧拙もさることながら、聞き手の反応をその場で確かめられる臨場感（共同作業）が、印刷媒体などではとうてい味わえぬ、語りならではの醍醐味でした。『グリム童話』など文字化された物語は、普遍性を拡大させた代償として、演者と聞き手が一体化する、当意即妙の具体性を喪失するところとなりましたが、わたしは敢えてそれに逆行、流動的で即興性のある語りの場を選択しました。それは演劇人として半生を過ごした者の当然の性だったのでしょうか、宇野重吉（注3）という役者が、死に瀕した最晩年、敢えて旅興行の民話劇を演じて、おのが生を燃焼しつくしたように……。

*

鈴木先生の問いかけに触発されて、わたしの思いのタケを赤裸に告白してしまいました。先生のようなコトバを介して子どもたちを遊ばせる（個別性を大事にする）名人が、普遍的なものから具体的・個別的なものへの回帰を、どのように理解され評価されるか、大いに興味があります。われわれの営みは、同じ子どもという存在にむけられたものである以上、教育現場との共通項も当然あるでしょうが、酷似していながら似て非なる部分もあるような気もします。このあたりの差異を、往復書簡を通じていささかなりとも解明できたら、裨益するところ大でありましょう。忌憚のないお考えを、お聞かせください。

二〇〇六年三月二日

さねとう　あきら

（注１）『でんでんむしの競馬』安藤美紀夫作。一九七三年、偕成社刊。野間児童文芸賞、日本児童文学者協会賞、赤い鳥文学賞など、七つの児童文学賞を受賞したが、内容が斬新過ぎたのか、論ずる者は少ない。

（注２）『グリム童話の誕生』小澤俊夫著。一九九二年、朝日新聞出版刊。

（注３）宇野重吉。俳優。最晩年、ガンを患いながら木下順二の『三年寝太郎』を演じ、点滴を受けつつ地方公演したので話題になる。

《書簡③》鈴木↓さねとう

批評行為が軽んじられてきたことは
大人の文学受容の貧しさを端的にあらわしている

さねとう　あきら様

さねとう様の「児童文学とは何か」の根底には「今という瞬間を溌剌と生きる（あるいは絶望の淵に沈む）現代の子ら」を「トコトン尊敬する」という思想が宿っていることがよくわかりました。また「児童文学」が文化的根無し草にならないためには、「個別的な問題を徹底して煮詰めて、大人と子ども、共通普遍の場へ移行させる発想が肝要」であると述べられた箇所に興味を持ちました。

さて、さねとう様は「語りというものは、人から人へと伝達されていくために、語り手の表現の巧拙もさることながら、聞き手の反応をその場で確かめられる臨場感が、印刷媒体などではとうてい味わえぬ醍醐味」と、経験をまとめておられます。そして、〈書くこと〉と〈語ること〉の関係を「文字化された物語が、普遍性を拡大させていった代償として、個別的具体性の喪失を宿命づけられてしまいましたが、わたしは敢えて実感溢れる語りの空間に回帰することを選択しました」と、説いておられます。

＊

ところで〈教育〉は両方（「児童文学」と「語り」）と関係しながら、その中間にある創造的行為だというのがわたしの主張です。

教師は、作品をくぐりながら（教育用語では「教材研究」と呼称しています）、自分の内発的な「語り」

にまで深めることで、はじめて他者としての〈こども〉と出会うことができるようになります。そして、そのレベルで〈こども〉と出会うことができるようになると〈こども〉と〈こども〉の関係が「語り」のレベルで視えるようになります。このことは、文学作品を扱う場合にかぎりません。数学や物理の概念や操作〔実験〕を教材として扱うときでもおなじことがいえます。自分の実感なしの説明では〈こども〉を把握する余裕につながりません。

さて、技術の進展は「語り」の形を変えつつあります。それは〈直接の語り〉から〈間接の語り〉への変化です。〈間接の語り〉とは電子媒体を通したメッセージの伝達です。「語り」はそもそも直接性を起源としていることを考えると、〈間接の語り〉は「語り」と呼ぶことはできません。それでも、教育では電子媒体を通した「語り」が普及しています。受験指導などで成果をあげている講師がテレビやテープを通して〈間接の語り〉を全国どこにでもとどけることができるようになっています。また「つぶやき」が大量に交換されています。〈間接の語り〉の普及によって今まで学びの機会を与えられなかった人に機会を提供することができるようになりました。技術の勝利といえるできごとです。いたるところに置かれた自動販売機、24時間営業のスーパーにたとえることができるでしょうか。手軽で比較的安価に欲しいものが手に入る。そのおかげで生活を維持できるひとが増え、学ぶ機会が増えたのです。〈間接の語り〉や〈間接の販売〉の機能や価値は認める必要があります。技術の進展と〈消費者〉のニーズが相まって〈間接性〉はますます広がっていくと思います。

他方で、さねとう様が指摘されるように「アイデンティティを喪失して、魂までもメタリックに加工された子どもたちを見るのは、民話を創作してきた者にとって苦痛の極みでした」の状況が現れています。

わたしは、こうした状況を〈創造力がマイナスにはたらく傾向の加速化が子どもたちに現れている〉（注1）と、述べてきました。何かを創り出そうとする意識から何ごとをも壊そうとする力になって現れる傾向への変化です。子どもたちの憂えるべき姿です。複雑な要素がからまって現れる姿だと思いますが、幼少期から〈間接の語り〉にかこまれていることと無関係ではないと考えています。さらに深刻なことは〈間接の語り〉にも恵まれず、ただ耳や目を刺激されっぱなしの環境が子どもの創造力を奪っている状況も進んでいます。〈直接の語り〉――それも伝統を吸いあげながら現実から目をそらさない語りの価値――が早急に見直されなくてはならない。そう強く感じています。わたしはそのことを「わらべうた」から学び「ことば遊び」の授業開発（注2）を通して実感してきました。

＊

話題をかえます。「教育的配慮」こそ児童文学を失速させ、退廃を招き、本来の読者である子どもへの伝達を遮断してきた、とわたしのような作り手は考える」という問題をとりあげます。

児童期に出会った言語芸術の世界は魅力とともに怖さをひめていると感じてきました。この印象は現在でもかわりません。もうひとつは、「語り」のことばに論理性はなじみにくいということです。さねとう様は、創作民話で物語を構成していらっしゃいます。また「語り」の現在的意義を強く感じていらっしゃいます。わたしも、教育という制度内での実践ですが、「語り」の大切さを述べてきましたし、ますますその大切さを訴えなくてはと考えています。わたしの目下の目標は「語り」と論理性の融合です。「語り」であり、かつ論理的なことばを子どもたちは求めていると強く感じてきたからです。この点をさらに深めて検討できればと思います。

「教育的配慮」について思いつくことをまとめてみます。まず検定の基準の観点です。次に教科書を編修する過程で児童文学の作品をどのように選ぶかという観点です。最後に教師〔または親〕は教室〔または家庭〕で子どもたちに読んであげたい作品をどのように選ぶかという観点です。「教育的配慮」の検討はこうした具体的な観点をそれぞれに検討する以外にないのではないでしょうか。その上で全体的な傾向の問題点を抉ることが近道のように思われます。

検討にあたっての前提をひとつだけ述べます。さねとう様は「「教育的配慮」こそ児童文学を失速させ、退廃を招き、本来の読者である子どもへの伝達を遮断してきた」と、述べていらっしゃる。それは、狭い意味での学校教育を意識した「教育的配慮」に限ったことではないだろうというのがわたしの受けとめ方です。なぜなら「教育的配慮」とは、子どもたちの手元に作品が届くまでに関わる〈大人〉や〈制度〉の意思の総体と考えるからです。親も教師も教科書も編集者もそして実作者もこの意味での「教育的配慮」に責任無しとはいえない。もちろん、その質的な差異はきちんと区別されなければなりません。しかし、検討にあたって前提となるのは、自己批評、自己批判を内在した意思であるかどうか。またその質が問われなければなりません。

さねとう様が「文学表現の大前提には、何よりもまず自己を偽らぬ「誠実さ」――全面的自己開示が求められるはずですが、児童文学の場合、子どもに対する一方的な「道徳的訓話」を強要されがちで、作者は自らを聖人君子になぞらえて、およそ身にそぐわない空疎なお説教の一つでも垂れねばならなくなります」と、その苦しさを率直に披瀝されていることに深い共感をもちました。教師も同じ悩みをかかえながら、そこからどれだけ飛躍できるかを問われてきたからです。

＊

「検定の基準」に触れてみます。小学校学習指導要領〔平成10年12月〕の「第2章　各教科　第1節　国語」の「内容　C読むこと」を検討してみます。ここには次のように記述されています。

〔第1・2学年〕

ア　易しい読み物に興味をもち、読むこと。

イ　時間的な順序、事柄の順序などを考えながら内容の大体を読むこと。

ウ　場面の様子などについて、想像を広げながら読むこと。

エ　語や文としてのまとまりや内容、響きなどについて考えながら声に出して読むこと。

〔第5・6学年〕

ア　自分の考えを広げたり深めたりするために、必要な図書資料を選んで読むこと。

イ　目的や意図などに応じて、文章の内容を的確に押さえながら要旨をとらえること。

ウ　登場人物の心情や場面についての描写など、優れた叙述を味わいながら読むこと。

エ　書かれている内容について事象と感想、意見の関係を押さえ、自分の考えを明確にしながら読むこと。

オ　必要な情報を得るために、効果的な読み方を工夫すること。

この内容を読む限りでは「教育的配慮」が「児童文学を失速させ、退廃を招き、本来の読者である子どもへの伝達を遮断してきた」と断ずるにいたりません。「登場人物の心情や場面」に注目して「優れた叙述を味わう」こと、「時間的な順序、事柄の順序などを考えながら」読むことは教材として扱う目安として必要だからです。この「内容」は「検定の基準」になりえません。ではどのようなことが検定の基準でしょうか。指導要領から「検定の基準」に対応する箇所をさがしてみました。「第3　指導計画の作成と各学年にわたる内容の取扱い」をみつけることができます。そのなかの「3　教材については、次の事項に留意するものとする」という項目に次のような記述があります。

〔2〕教材は、次のような観点に配慮して取り上げること。

ア　国語に対する関心を高め、国語を尊重する態度を育てるのに役立つこと。
イ　伝え合う力、思考力や想像力及び言語感覚を養うのに役立つこと。
ウ　公正かつ適切に判断する能力や態度を育てるのに役立つこと。
エ　科学的、論理的な見方や考え方をする態度を育て、視野を広げるのに役立つこと。
オ　生活を明るくし、強く正しく生きる意志を育てるのに役立つこと。
カ　生命を尊重し、他人を思いやる心を育てるのに役立つこと。
キ　自然を愛し、美しいものに感動する心を育てるのに役立つこと。
ク　我が国の文化と伝統に対する理解と愛情を育てるのに役立つこと。
ケ　日本人としての自覚をもって国を愛し、国家、社会の発展を願う態度を育てるのに役立つこと。
コ　世界の風土や文化などに理解をもち、国際協調の精神を養うのに役立つこと。

〔小学校指導要領　文部省　P17〕

この記述から、児童文学作品を選ぶときの基準を知ることができます。項目でいえば「オ」から「コ」までです。ここで検定の基準がはっきりします。「〜に役立つこと」が目的です。その内容は「生活を明るくし、強く正しく生きる意志を育てる」「生命を尊重し、他人を思いやる心を育てる」「自然を愛し、美しいものに感動する心を育てる」「我が国の文化と伝統に対する理解と愛情を育てる」「世界の風土や文化などに理解をもち、国際協調の精神を養う」です。内容をもっと単純化してみます。次のようにキーワードをとりだすことで単純化できるのではないでしょうか。

「明るく」「強く正しく」「生命尊重」「思いやる心」「愛する」「美に感動する」「文化と伝統」「国際協調」

教材選択の基準はこれらの語彙に集約されています。非の打ちどころのない基準ではないでしょうか。向日性であり、理念的であり、たいへんよくできたキーワードだと思います。確かに文学作品はこれらのキーワードを主題とした作品を生んできたと思います。しかし、困ったことに乱暴ないいかたをすると「明るさ」を際立たせるためには闇が必要になります。「強さ・正しさ」を際立たせるには「弱さ・不正さ」が必要になります。「生命尊重」を印象深いものにするためにはその逆の闇も描かなくてはならないのです。少なくとも、まったく逆の面を無視しての文学作品は成立しないと思われるのです。こう考えると、「明るさ」「正しさ」「美しさ」などのキーワードを責めるわけにはいきません。その把握が立体的であるかどうかが問われるだけだ——というのがわたしの判断です。つまり、作品を選択する〈大人〉が文学作品を立体的につかむだけに成熟した〈知〉を蓄えているかが問題なのです。〈大人〉の読書体験こそ問われなければならないのです。

教科書の作品選択にしろ、教師の作品選択にしろ、問われているのは次の命題ではないでしょうか。作品を選択する〈大人〉が文学作品を立体的につかむだけに成熟した〈知〉を蓄えているか。

さて、この問題はもっと具体的な検討が必要です。どのような作品が、どのような理由により選択されたか、またされなかったかと問うほうがわかりやすいからです。さねとう様の創作民話にこの例がありましたら教えてください。

＊

わたしは教科書の編修にたずさわってきました。また今もたずさわっています。さねとう様のような切実さには欠けていますが、この問題とつき合ってきたことは事実です。そして自分なりにある作品をあつかって問題整理を試みたことがあります。新美南吉の〈ごんぎつね〉作品です。

この作品は、ひとことで言うと「明るい」作品でない、「強く正しく」生きる姿でないという主旨で、これから成長する児童にふさわしいとはいえないと批判されました。その批判に対して反批判もありました。わたしはそのやりとりの概略を知り、作品そのものの意義がないがしろになったままの論理展開を残念に思ったものです。そして、自分なりに〈ごんぎつね〉作品の現在的な意義を論じてみたいと考え、検討をはじめました。同封させていただいた論文（注３）がそれです。この経験を通して、児童文学作品の批評は余り深められていないということを実感させられたものです。

さねとう様は児童文学作品が「教育の具と位置づけられ、「教訓性」を盛り込むことを当然とする頑迷な伝統が、連綿と受けつがれてきた」と、述べておられます。

その点について若干の弁明をさせていただきます。

公教育は集団を対象とします。文学作品が徹底して個対個として読みつがれていくことと根本的に異なるところです。ですから、さねとう様のご批判はその通りだと納得しつつ、集団を対象とする以上「教訓性」に限らず、その他の「～性」をも盛り込まざるを得ないことを実感してきました。この点はもっとご批判を伺いながら問題の所在を確かめてみたいと思います。

今、ひとつだけはっきり言いきることができます。「教育的配慮」そのことが諸悪の根源ではなく、問題は〈大人〉の文学受容の体験が乏しいことに源泉があるということです。作品の選択にあたる者（研究者や教師・親など）の文学受容の質とその見識が問われているということです。批評行為が軽んじられてきたことが〈大人〉の文学受容の貧しさを端的にあらわしているのではないでしょうか。

鈴木清隆

２００６年５月

（注１）拙論「子どもとレトリック」（『レトリック連環』成蹊大学文学会編）
（注２）拙著『ことば遊び、五十の授業』（太郎次郎社）
（注３）拙論「ごんぎつね論」（『国語通信２』）

《書簡④》さねとう↓鈴木

岩手県の遠野の里で、「生産地」の民話にめぐりあった

鈴木　清隆　先生

先生の〈往復書簡③〉、たしかに拝読いたしました。もっぱら子どもを対象とした「教育」と「児童文学」の関係について、非常に親縁性があると同時に、質的な差異も感じてきましたが、先生の指摘される問題点を整理して、このあたりを明確にして行くと、文学にとっても教育にとっても、かつてない新鮮な視座を与えられそうな、刺激的な予感がします。目下のところ、双方が手探り状況で、用語や概念も統一されないうらみがありますが、これらは見解を交流していけば、おのずから共通の理解に到達するだろうと、きわめてポジティブな見通しを抱いています。

＊

さて、先生が冒頭で指摘された「教育は両方（「児童文学」と「語り」）と関係しながら、その中間にある創造的行為」であるとの問題提起、児童文学には「文学」と「語り」を対立的にとらえる視点がないため、いささか理解に苦しみます。私が書き続けた「創作民話」などは、児童文学の一ジャンルとして扱われており、「語り」は単に口頭で伝達する、表現形態の違いに過ぎないのです。ただし、先生のお気持ちを当方で忖度するに、児童文学＝普遍性、語り＝個別性という風に腑分けしたのであれば、それなりに理解ができます。つまり、「教師は、作品をくぐりながら、自分の内発的な〈語り〉にまで深めることではじめて他者としての〈こども〉と出会うことができる」とある、先生の豊富な実践に支えられた鋭い洞察は、前述の概念にあてはめたとき、その含蓄の深さがしのばれると思うのです。

あえて強引に、先生のご提言を児童文芸学風に読み解いてみますと、こういうことになります。「教師は、作品をくぐりながら（教育用語では「教材研究」と呼称しています）、自分の内発的な〈語り〉にまで深める」とある部分は、教師自身が、所与の教材を媒介に、みずからの生い立ち・生きざまをあぶり出すほどに、読み深めていかぬ限り、全人格を反映させた、個性的な読み取りは不可能だろう――わたしはとっさに、このように理解しました。国語教育については半知半解のわたしですが、「教材研究」という用語から受ける印象は、〈作者の作意にたどりつく〉作業ではないか――事実、わたしのところへ、作品を書いた意図を訊ねてこられた教師の方もあったので――と受け止めがちだったのですが、先生は「内発的な〈語り〉」の概念を投入することにより、国語教育のポイントを、作者の作意から教師の内面へと、鋭角に旋回させており、ハッとしました。つまり、「内発的語り」を「個性的な読み取り」と置き換えが可能ならば、教師が全人的に受け止めたもので勝負しない限り、子どもたちのそれ（全人格的な読み）なんか引き出せないだろう。俗に「先生が身構えていると、子どもはハダカになれない」と申しますが、文学（教育）の場合にも完全にこれが当てはまり、教師が大胆に自分をさらけ出したときに、子どももまた、自由闊達な読み取りを保証されるのでしょう。このあたりを、先生は「他者としての〈子ども〉と出会う」と表現されているように思いました。

ここからは、先生の趣旨から逸脱して、私の独断的解釈領域に入ってしまうかもしれませんが、「……はじめて他者としての〈こども〉と出会うことができるようになります。そして、そのレベルで〈こども〉と出会うことができるようになると、〈こども〉と〈こども〉の関係が「語り」のレベルで視えるようになります」とのご指摘は、児童文芸にとっても未解明だった重要部分に大胆に切り込んでおり、長期間、子どもとじかに触れあってこられた先生ならではの、ハッとするほど斬新な発想を生んでおられるように思いました。これを、わたし流に読み替えてみますと、児童文学で自己表現を果たそうとするとき、大人と子どもの本質的な差異、立場の違いをどうやって克服するか、この難問に直面します。

大人と子どもが教える——教えられるの関係で向かい合う、教育を例にとればわかりやすいでしょうが、大人が常に優位に立ち、子どもに劣位を強いる関係は、自明の社会通念として受け入れられています。しかしながら、本来、作者と読者が対等の立場に立たねば成り立たない文学表現において、このような優劣の関係は阻害要因にしかなり得ず、どうすれば同一平面で向き合えるか、最も苦慮するところでありました。子どもに向かってガミガミお説教を垂れる（教訓物語）を押しつけ、平然としている者もいれば、いたずらに子どもに阿諛迎合して、マンガもどきの軽読み物を提供して、トクトクとしている不徳義漢もおります。両者に共通しているのは、優劣という垂直関係でしかとらえられぬ、安易で硬直した発想の貧しさです。

その点、先生のおっしゃる「内発的な語り」を、わたし流に「ホンネの吐露」という風に理解させていただきますと、そうしたおさえ方は、そのまま児童文学にもあてはまります。平たく言えば「作者がホンネで迫らないかぎり、子どももホンネをさらして読むことはない」ということで、児童文学表現のデリケートな部分を、言い当てていらっしゃいますね。「他者としての子ども」ととらえる視点は、すでに子どもを対等な立場に置いており、上下・優劣にとらわれぬ自由な立場をイメージします。作家（おそらく教師）が、真の対象とすべきは「他者としての子ども」でしょうし、その前提として、常に相手を尊敬し、真摯で率直な姿勢で臨むことを求められている、と言うことになりましょうか。

貴著『ことば遊び、五十の授業』などを拝読しておりますと、このような先生に出会ったら、どんなに楽しい国語の時間が過ごせるか、わたしも生徒の一員に加えてもらいたくなります。単純な「しりとり」に始まり、「あいうえお」で体操したり、「かっぱの輪唱」もあれば「漢字のしりとり」もあり、「謎かけ遊び、「ファンタジー」「物語」「新聞記事」と、片っ端から「遊びの教材」にしてしまう自由奔放な発想！「金魚」と「学習帳」といった、異質なコトバとコトバの間に走る連想の火花！日常あり得ないコトバ遣いや文章作りが織りなす「スズキ・ランド」の面白さに、子どもたちのボルテージは上昇する一方でしょう。しかも、夢中になってコトバとふざけ合い、じゃれ合ううちに、ちゃっかり「国語の基礎」まで学ばせてしまう周到さ。子どもらにまみれてコトバのキャッチボールをしながら、教師としての目は、選んだ語彙から透けて見える、子どもの内面、子ども相互の人間関係にまで鋭く注がれ、まさにコトバの魔術師、鈴木先生の面目躍如ですね。

それでも日本中、こんな先生ばっかりだったら、もはや申し上げることもないのですが、やはり○×式テストの影響でしょうか、「国語の授業」といえば自分の実感なんか抜きにして、教師が用意した正解に、だれが要領よく迅速にたどりつくか、作品の作意の「当てっこゲーム」になっています。果たしてこんな授業で、子どもの読解力の向上、コトバによる表現力が育つだろうか、甚だ不安です。教師が独自の読み取りをし、それをバネに子どもたちも独自の読みを返していく授業。十人十色、百人百様の読みが、時には共感、あるいは反発しあいながら、やがて渾然一体となって、クラス独自の（集団読み）に昇華していく……わたしが理想とするこんな授業は、少数の例外なのでしょうか。

＊

また、先生が「電子媒体を通したメッセージの伝達」と規定されておられる「間接の語り」なるものですが、わたしの見解といたしましても、「そもそも直接性を起原とした〈語り〉においては、〈間接的な語り〉など〈語り〉と呼ぶことはできない」とおさえるのが、妥当なところでしょう。今さら定義づけるまでもなく、語りとは、読者と聞き手が一堂に会して、一定の時間を共有する営みであって、ナマの眼差し、呼吸、肌触り等を媒介に、両者の直接的な交流を必須条件といたします。たしかに近代的合理主義の考えに立って、TBSで放送しているような『日本昔ばなし』風のDVDでも買ってきて、子ども一人を個室に置いてテレビでも流しておけば、昔話を語ったのと同様な効果が得られるだろうと考えがちですが、これほど語りを侮辱した話はありません。語りとは、用意された脚本通りに、一方的に流していくものではなく、聞き手の表情や身振りなどに目ざとく反応して、コトバを補ったり言い方を変えたり、ナマの交流を大事にしながら、共同作業で作り上げていくものです。場所が違い時間が違いメンバーが違ってくれば、話自体も微妙に違ったものになる〈ナマもの――生きもの〉なのです。（先生の「コトバ遊びの授業」などは、その臨場感において語りに匹敵する、良い例ですね）

かつて、乳児は例外なく母親の母乳で育ちました。近代になって、授乳機能のない男の人なり、保育園の保育士なり、母親以外の第三者にも容易に授乳できるよう、粉ミルクが発明されました。たしかに人工粉乳でも乳児は育ちます。何らかの不幸にあって母親を失った子どもでも、ちゃんと成長できるようになったのは、人工哺乳の功徳でしょうが、ふんだんに母乳が出る母親も、安易に人工哺乳に切り替えて、乳房の代わりに哺乳瓶をくわえさせるのを、それほど異としない子育てが、今日、当たり前のことになっています。人工哺乳だって、栄養価なら、母乳と遜色ないでしょう。しかし、乳児が頬で感じる乳房の温もり、母親の慈しみの眼差し、甘いカタコトの対話――これらを決定的に欠いて、成長する子どもらの不幸を、今こそ痛切に思わずにはいられません。子殺し・親殺しが日常茶飯事に横行する、殺伐とした昨今の世相は、この段階ですでに形作られているのではないか。技術の進展により、〈消費者〉のニーズに応えるべく高度化された〈間接性〉など、わたしにとっては、初手から無用なものです。語り固有のナマの（直接的な）味わいは、絶対に技術では再現できません。近代技術が全知全能を傾けても不可能な、「近代」も「技術」も排除した、ある種神話な領域を目指すべしと、わたしは心中秘かに思ってきました。「民話」とか「語り」とか、この気ぜわしい現在、多分に非効率で見栄えもしない、古めかしい遺物のように見捨てられがちな存在でも、アイデンティティのありかを証す、かけがえのない役割を担っていくに違いないと、（独善的な気負いかもしれませんが）そのような希望的観測を抱いているのです。

＊

さて、話題をかえて、先生は「〈語り〉のことばに論理性はなじみにくい」と指摘、「〈語り〉でありかつ論理的なことばを子どもたちは強く求めている」がゆえに、目下の目標として「〈語り〉と論理性の融合」を挙げておられます。この部分も、考えてみれば難解を極めるところでありまして、（多少、揚げ足取りじみた物言いになってしまいますが）そもそも語りは、現在、広範な拡がりをみせ、そのなかには厳密に論理性を求める近現代文学の類まで含まれており、〈語り〉と〈論理性〉を、対立的にとらえる必要はないように思われます。仮に、語り＝昔話・民話と狭義にとらえても、たしかに情緒に流れて論理性に欠けたものもあれば、わたしの創作民話のように、〈歴史・社会〉を溶け込ませるために、ことばの論理構造を重視した作品もあり、一括りにして「論理性がない」と否定してしまうのには、無理があります。

かつて、わたしが創作民話を発表し始めたころ、山室静が「日本の民話・ヨーロッパの民話」（注1）という一文のなかで、フリッツ・ルンプの「日本民話集への序」を紹介しながら、〈補足と注釈〉の形で、日欧の民話の対比を試みていました。山室説によれば、日本民話は、現実主義が心性に強く根付いているために、想像力（空想）で物語を飾り立てることを好まない傾向がある。せっかく取り上げたモチーフないしテーマを、十分に展開させることがない。素朴で率直、感情がやさしくて、物のあわれを知るが、恋愛感情がない――と、いささか惨めで味気ない日本民話を披瀝していました。ちょうどそのころ、創作民話集『地べたっこさま』を上梓して、わたしは日本児童文学界の片隅にデビューしたばかりでしたが、自国の伝統をあまりにも矮小化した言説に、新人ながら怒りを覚えました。

わたしのように東京生まれ・東京育ちで、家庭内に祖父母がいなかったりすると、自然に耳から話を聞くチャンスに恵まれず、例えば講談社の絵本の「桃太郎」や「かちかち山」の類を、父母に読んでもらうのが、唯一の民話体験でした。（今の子どもたちと、だいたい同じような文化環境でした）わたしはずっと後になって知ったのですが、出版資本によって〈消費財〉として生産される絵本の類には、教育的配慮の美名の下に、残酷なシーンはぼやかす、難解な部分ははぶく――等々の強引な書き替えを経て、原作は無残に改ざんされてしまいます。往古、文字が支配階級によって独占されていた時代、庶民の口承芸であった昔話・伝説の類を文字に移し替える際、これと同じような修正が施され、原型のまま文献化されたわけではないようです。（例えば中世の民衆の息吹を伝えると定評のある『今昔物語』なども強い仏法思想によって潤色されていると、わたしはにらんでいます）どうも山室説で展開する民話観・民衆観というものは、そうした文献を漁って組みあげたもので、農山村や漁村など、〈生産現場〉に蓄えられたそれとは、かなりかけ離れたものになってしまった、と言えるのではないでしょうか。

実は、今から四〇年ほど前、わたしはある劇団の要請に応じて、日本民話を素材とした戯曲を書こうとしたことがあります。しかし、講談社の絵本程度の知識しかなかったわたしは、山室静が言うように想像力の貧困によるストーリー展開の平板さ、類型化されたキャラクターの薄さに辟易して、これでは長編戯曲は書けないと、絶望的になりました。そんなとき、ある先輩から「柳田国男の『遠野物語』でも参考にしたら」と助言され、ワラにもすがる思いで、早速読んでみました。日本民俗学の泰斗というべき柳田国男は、さすがに細心の注意を払って、東北の盆地に蓄えられた民話・伝承を幅広く収集・配列して、みごとに民衆史の原風景と呼ぶべき壮大な宇宙像を、文字に移しかえるのに成功していたのです。都会地で〈消費財〉に仕立て上げられた商品（絵本）などではない、〈生産現場〉と直結した、生命力あふれる雄渾な叙事詩のような伝承群に、わたしが初めて遭遇した瞬間でした。

以来『遠野物語』は、私の創作の大事なバックボーンになりました。ご承知のように、わたしの第一作品集は『地べたっこさま』という創作民話でしたが、この題名もわたしが創作したもので、大地（山）を媒介とした生命の大循環図というほどの意味を託しています。岩手県の遠野市は、わたしが所属していた劇団が一年に一回は、必ず訪れて公演しておりましたが、そういう縁で『遠野物語』を読んだ後も、わたしは何回かこの地に滞在、柳田学の検証を続けて参りました。〈自然を友とする日本人〉などとよく申しますが、原日本の色を強く残す東北では、完全に〈自然の一部〉として人間も生きています。この国では、人もすでに自然の一部であって、鳥獣草木と等しく共存しており、その死生観を要約すれば、生きとし生けるものは全て大地より生まれ、大地に戻っていく存在として把握されています。古来、受けつがれて来た日本の〈山岳信仰〉は、実は強固に築かれてきた輪廻転生の信仰に基づいて、山に還った万物の霊魂が厚く堆積して、高い山となったと信ぜられて来ました。

例えば『遠野物語』にも、姥捨て伝説があるにはあるのですが、深沢七郎の『楢山節考』にあるような、白骨が散乱しカラスの群れが舞う、おどろおどろしい死の谷のイメージではなく、かつて〈デンデラ野（れん蓮だい台の野）〉と呼ばれた遠野の姥捨て山は、集落のすぐ裏手にあって、そこに捨てられた老人が、時おり、村へ現れては農作業などを手伝い、その謝礼に穀物などをもらって還っていく――と言います。この平明なリアリズムには圧倒されました。捨てられた老人はすでに死者（の扱い）ですから、ご先祖さまと子孫が仲良く共同作業しているのです。（絵本『しなずのお六』を書いたモチーフは、この体験に基づいています）

そう言えば、都会地の消費財としての昔話や民話だったら、人間とは隔絶した魔界の住人のように扱われる、天狗や河童、山姥や座敷ワラシといった存在も、むしろ睦まじい親しげな関係を結んだ〈山の隣人〉であって、利害の対立があり葛藤があっても、相手の存在を全否定してしまうような、狭量で敵対的関係にはなりません。その睦まじさ親しみ深さの根元には、同じ山〈大地〉から生まれた同胞という意識が、抜きがたくあったのではないか？　山室説によれば、日本民話は恋愛感情がないといいますが、『遠野物語』の第二話は、三姉妹の山による習争いがテーマで、確かに肉欲的ではないかも知れませんが、とても「人間的」で、しかも雄大なスケールの婚姻譚です。この地では日月星辰まで、いずれも感情を持ち、農民のごとく朴訥な働き者を思わせます。自然が人に似たのか、人間が自然の化身か、両者がほとんど一体化した世界。『地べたっこさま』に収めた「かっぱのめだま」「おこんじょうるり」等の作品は、このような思想を濃厚に受けついだものであります。

さて、こういう形で民話の原点・民衆史の原風景を見てしまうと、消費財として生産された〈講談社の絵本〉の類は、民話の現場（現地）からかけはなれた、利潤追求のための商品にすぎない、と言わざるを得ません。多分、山室静の「やさしい、ものの哀れを知る」といった総括も、教訓性をたっぷり詰め込んだ、都会人好みの「民話めかした感傷ストーリー」にあまりにも依拠しすぎていたせいではないか？　山村の厳しい現実のなかで孜々営々と生き続けた人々には、安易なやさしさや、ものの哀れを確かめたりしている暇なんかなかったように思うのです。わたしという存在を揺るがすほどの哲学的示唆に富み、宇宙永遠の摂理を教えてくれた、日本民話の伝統的風土の豊かさを思うにつけ、先生がおっしゃる「語りの論理性欠如」のご指摘にも、山室静説にも共通する「日本の伝統に対する誤解・偏見」が、潜んでいるような気がしてなりません。都会地の消費財ならいざ知らず、古来、生産現場で伝承されてきた語りには、西欧文明を弾き飛ばすほどの強固な論理性が、がっしりと組み込まれているように思えますが、如何でしょうか？

二〇〇六年七月一〇日

さねとう　あきら

（注1）山室静の「日本の民話・ヨーロッパの民話」は、日本児童文学者協会編集「日本児童文学・臨時増刊・民話」（一九七三年一月　盛光社　発行）に所収。

《書簡⑤》鈴木↓さねとう

輪廻転生のふしぎ（あるいは謎）は、
「メビウスの輪」にも似て

さねとう　あきら様

わたしが「あっ」と目を開かせられたことがあります。それは、

「教育は両方（「児童文学」と「語り」）と関係しながら、その中間にある創造的行為」であるとの問題提起、児童文学には「文学」と「語り」を対立的にとらえる視点がないため、いささか理解に苦しみます。私が書き続けた「創作民話」などは、児童文学の一ジャンルとして扱われており、「語り」は単に口頭で伝達する、表現形態の違いに過ぎないのです。（さねとうあきら《往復書簡②》）

このご指摘には蒙を啓かせられました。ご指摘いただかなければ気づかなかったことです。二次元の直線上に「児童文学」と「語り」と〈教育〉を位置づけた表現をしていたわけで、そのことに無自覚でした。ありがたいことです。「「児童文学」と「語り」の中間に〈教育〉の行為がある」と、述べてきましたが、ご指摘の点は吟味しなおさなくてはなりません。それぞれの関連は、別の機会に再びとりあげてみるつもりです。

ご返信いただいた《書簡②》で「語り」と論理の融合性の問題も取り上げていただきました。「語り」

と論理性の問題は対立的にとらえるより、一つ一つの作品や民話によって様々な質があると柔軟に把握することが実体にあっているとのお考え、たいへんよく納得できました。その通りだと思います。

わたしは、自分が体験してきた生活の中の「語り」に論理性が欠けていると認識してきました。さねとう様は、作家として「創作民話」にいたる内的過程と、「創作民話」の創作を通して、「語り」には論理性があるし、必要であると訴えておられます。このことは対立した論のように見えます。しかし、もう少し考えを巡らしてみると、対立ではなく連続しているというのがわたしの受けとめかたです。触媒となる共通点は〈「論理性」が欠けているという認識は「論理性」の必要性を強く感じることなしに発生できない〉という意識です。その意味で、さねとう様の「創作民話」に強い関心を寄せています。

実際、さねとう様の「創作民話」では、どの登場人物もはっきりとした生き方を選ぶよう形象化されています。登場人物の一貫した生き方は「論理性」を基盤にした形象だといえるのではないでしょうか。意識的な人物として形象されていて、わたしは強く惹かれます。ところが、わたしが体験してきた世界では、はっきりとした生き方を選ぶことに後込みする場合が多かったように感じます。そうした状況にずっと違和感をもったものです。

さねとう様は山室静氏の「日本の民話・ヨーロッパの民話」に触れ、「自国の伝統をあまりにも矮小化した山室氏の言説に、新人ながら激怒した覚えがあります」と、吐露されています。わたしにとって、たいへん興味深い箇所です。ヨーロッパ的な思考とアジア的な思考それぞれに影響をうけてきたからです。

＊

『遠野物語』が創作民話『地べったこさま』のバックボーンになった背景を詳しく述べてくださってい

ます。さねとう様にとって『遠野物語』が死生観の柱ともいうべき重要さを持っているのですね。「生きとし生けるものは全て大地より生まれ、大地に戻って行く存在」であるという死生観です。深沢七郎氏の『楢山節考』の「死の谷」のイメージに対して、姥捨て山としての〈デンデラ野〉は、「御先祖さまと子孫が仲良く共同作業している」と、いうイメージで、「死なずのお六〔念仏三昧〕」のモチーフになっているという箇所も興味深いことです。

姥捨て山としての〈デンデラ野〉に想を得た『蕨野行』（村田喜代子作）も1998年に刊行されました。さねとう様の「死なずのお六〔念仏三昧〕」と深沢七郎氏の『楢山節考』と『蕨野行』の三作品を〈姥捨て〉物語として読むことができるわけです。

さて、さっそくですが、さねとう様の「死なずのお六〔念仏三昧〕」作品にふれさせていただきます。題名は「念仏三昧」と改題されたということですが、「死なずのお六」という題名に引かれてこの作品に出会っていますので、「死なずのお六〔念仏三昧〕」と表記することをご容赦ください。

作品のあらすじをとりだしてみます。

六十になった〈クメ婆っさ〉は、お山に参るためツノウシ山をめざして雪の山道を登りながら、いつしか谷へ迷い込む。山奥の楢の木陰をまわったとき赤ん坊の泣き声がした。谷底の岩かげにはやり病にかかった病人を隔離する掘立て小屋があり、そこに死んだ母親にしがみついて泣く赤ん坊を見つける。赤ん坊を抱きとると〈クメ婆っさ〉の「しなびた乳が、ずきんと痛んだ」のである。

〈クメ婆っさ〉はツノウシ山の奥に小屋をたて、ソデと名づけた赤ん坊を育てた。十六年たちソデは愛らしい娘に成長し、好きな里の男のところに出かけて家を空けるようになった。ある木枯らしの吹く晩、ソデは大きなおなかを抱えてもどってきた。〈クメ婆っさ〉が男の赤ん坊をとりあげて一月もたつ頃、ソデは姿をくらました。〈クメ婆っさ〉が赤ん坊にほほずりすると、「しなべた乳房がツンと痛んだ」のである。

二十年がすぎ、百歳近い〈クメ婆っさ〉は「牛吉とアイの夫婦に囲まれて、幸せだった」。牛吉は漁師になり女房と一緒に面倒をよくみてくれていた。アイに子どもが宿ったころ、鉄砲の腕のある牛吉は戦に出かけ、死んでしまった。赤ん坊を生んでいたアイは、驚き死んじまった。〈クメ婆っさ〉は「やせさらばえた胸」に赤ん坊を抱く。すると「乳房のあったあたりが、ズキンと痛んだ」のである。お迎えのくる日をまって念仏三昧の生活は、「いまちっと後回し」になったのである。

(『さねとう　あきら　語りの本・民話篇――海神と山霊の物語』春牛社より)

＊

物語をさらに要約してみます。要約することで物語の基本構造をとりだしてみたいからです。物語の基本構造をとりだすことで、作者であるさねとう様と物語の深層で出会ってみたいと目論んでいるからです。

〈クメ婆っさ〉は、掟に従って、念仏を唱えながら〈一人〉で山のてっぺんをめざします。ところが、〈クメ婆っさ〉は掟を受け入れているのにも関わらず三度も〈赤ん坊〉に出会い、掟を真っ当することができない。つまり死ぬことができず三度も生き延びてしまうのです。

この要約から意匠を透かして、さらに骨格だけを取り出してみます。物語の基本構造です。〈死〉を受け入れるために出立した道行きが、実は、三度にわたる〈生〉の持続につながっている。

この基本構造には三つの構造が隠されています。

一つ目は一番基盤となる構造です。それは〈死〉への道行きがいつのまにか〈生〉の道行きに転換していくメビウスの輪の構造です。二つ目は赤ん坊に出会う度に〈クメ婆っさ〉の頭は念仏でいっぱいですが、〈クメ婆っさ〉の体（〈乳房〉に象徴されている）は、赤ん坊を育てるために働きだしてしまうという矛盾の構造です。これは観念では死を受け入れているのに、体が生に向かって逆る心身の分裂の矛盾と言い換えることができます。基本の構造を実際に担う登場人物のあり方です。三つ目は育てあげた子どもを喪失するという構造です。赤ん坊を残して逃避したりイクサで死んだりですが〈クメ婆っさ〉からすれば喪失です。大事な者を失う喪失の構造です。これは社会背景とつながり、人生の不条理を暗示する役割を担っています。物語はこの三つの構造が織り上げられて成立しています。

＊

どの構造も現代的なテーマにつながります。〈死〉から〈生〉へのメビウスの輪の構造は、宗教性をおびたテーマで、人が生きていく上で手放せないものだと思います。

心身があい矛盾する反応を起こしてしまう人のあり方は現代社会で、マイナスの問題として認識されているのではないでしょうか。頭が体をすべてコントロールできる状態を良しとする価値観が蔓延しているからです。

三つ目の喪失の構造はどうでしょうか。現代は、情報とモノの交換が飛躍的に増大し、仕事も他者との競争の結果を評価されるという社会です。大切な者を失う〈喪失の構造そのものが失われている〉社会ではないでしょうか。喪失感そのものを体験しきることすら失わせられているとも言えましょうか。

この〈クメ婆っさ〉は、「風婆んば」(『さねとう　あきら　語りの本・民話篇――海神と山霊の物語』春牛社より)では、より意志的な人物として形象されています。

「生まれつき足が不自由な子どもだった」「留吉」は、「九歳になり十歳になっても、昼でも薄暗い囲炉裏ばたで寝たっきり」で、仕事からもどった母親に「あーい、お母あ、飯はまだけエ?」「いててっ!ぼやっとしてねえで、おらの腰もめ!」と、いうようなわがまま放題の子どもです。

「風婆んば」は、ぼうぼうの白髪と歯の抜けた口、長く伸びた爪で、はいつくばう姿で留吉の前にあらわれます。そして、薪に息を吹きかけては冷たい「氷の矢が二、三十本、ブスブス音をたてて、布団に突きささったみたい」な炎で留吉を追い詰めるのです。

布団の中で縮み上がっている留吉に「風婆んば」は、止めをさします。着物の裾をまくって「三百年もお山を飛びまわっておりゃ、足なんぞとっくに擦り切れて、このありさまじゃ。おのれは、二本の足がありながら……」と「両手を翼のように広げて」迫って来たのです。とうとう、留吉は布団から飛び出し、野道を走り、白旗山のてっぺんまで連れてこられます。留吉は、足は不自由だが険しい峠を見事な手綱さばきで越える馬方になっているのでした。

「風婆んば」においても物語の基本構造は貫かれています。

＊

山霊である死者としての「風婆んば」は、生者としての留吉を〈死〉から〈生〉へと突き放していま
す。メビウスの輪の構造です。心身が分裂している矛盾の構造も組み込まれています。

留吉は行為では〈生〉を否定するような生活ぶりなのに、「風婆んば」の放つ〈死〉に追い立てられる
と、一目散に走って逃げるのです。心と体が矛盾しているのです。大事な者を失う喪失の構造も組み込ま
れています。母親に甘える対の世界からの離脱です。母離れというテーマです。「死なずのお六〔念仏三
昧〕」は「風婆んば」にいたる過程の始発の作品とみることもできます。人間から山霊への道行きです。

＊

次に「おこんじょうるり」に触れさせてください。

この作品は前二作と比較すると物語としてより複雑な構成でなりたっています。しかし、人間から山霊
への道行きという観点で位置づけた時、前二作の中間にある作品と呼ぶことができます。あらすじをた
どってみます。

目の見えないイタコのばさまは、まじない、天気うらないを生業としていた。独り暮らしで身寄り、親
戚もない。最近では、うらないもはずれ頼みにくるやつもない。

ある夜更け、キツネがやってきて鍋の粥を食べ始める。目の見えないイタコのばさまは、食べるにまか
す。自分の食うモノがなくなるのも頓着なく、芋やニンジンまでも食べさせると、キツネは「おらのじょ

うるり、聞いてけれや」と申し出た。

きつねのじょうるりにのって間の手をいれていると、腰痛がなおっている。病気を治すキツネのじょうるりである。それが縁でイタコのばさまとキツネは一緒に暮らすこととなった。

イタコのばさまはキツネに〈おこん〉と名づけ、さっそく仕事を始めた。じょうるりをキツネから教わろうとするが覚えられない。〈おこん〉をちゃんちゃんこの下にいれ、じょうるりをうならせ、イタコのばさまは口をあわせることでまじないを続けた。効果てきめんで、二人は「気心の知れた、いい仲間になったんだ」

じょうるりで病気を治す噂がお城にも伝わった。お城では姫が重い病気で手を尽くしても治らない。イタコのばさまが呼ばれる。

イタコのばさまは、行かない方がよいといううらないが出て止めたが、お城に行って〈おこん〉が「じょうるりをうなりはじめると」姫は夢からさめたように治り、神業だとよろこばれる。

殿様からもらった宝をつづらに納め、峠道を馬にゆられながら家に急ぐ。欲張りな馬方は、宝をうばおうと婆を馬から落とし棒で叩いた。その棒は〈おこん〉にあたり、〈おこん〉はイタコのばさまのじょうるりに送られて命を落とした。

イタコのばさまは、〈じょうるり長者〉〈キツネ長者〉と呼ばれ、広い屋敷にキツネを住み着かせ、じょうるりを教えて暮らしていた。「深い悲しみと、やさしい温もりのこもった、それはみごとな、じょうるりだったそうな―」

盲目のイタコがキツネの力と一体となって生き伸びていく物語です。大事な者を失う喪失の構造は、この物語の基本構造になっています。しかもその喪失の構造は二重です。〈おこん〉を失うことと、村落共同体での自分の役割を失うこととの二重の構造が隠されているのです。

ばさまにとって〈生〉の世界とは、村落共同体の世界です。そこでの役割が徐々に減じていくことは〈生〉の世界から〈死〉の世界に向かっていくことを暗示しています。イタコのばさまは、そのことを自覚しているのです。社会の喪失と言ってよいと思います。〈生〉の世界から〈死〉の世界に向かいながらキツネと暮らす過程はメビウスの輪の構造です。

心身の矛盾の構造はこの物語において見られません。むしろ、キツネと一体化することで生のエネルギーを得ています。この形象は何を意味しているのでしょうか。

わたしは、次のように考えています。人間から山霊への道行きの中間に位置する作品であることがキツネとの一体化で象徴されていると。

＊

三作品を通して物語の基本構造を考えてきました。

三作品ともメビウスの輪の構造と心身の矛盾の構造と喪失の構造の三つが入り組みながら物語を構成しています。この三つの構造は現在の様々な課題にもつながっています。

わたしは三十五年間を公教育の現場で過ごさせてもらいました。子どもたちにとってもメビウスの輪の構造と心身の矛盾の構造と喪失の構造の三つは徐々に避けて通れない課題となってきています。特に心身の矛盾の構造は深刻です。ひきこもり、いじめはその現象は正反対ですが、心身の分裂に翻弄され、社会を自分の内面に繰り込めない点で同じ課題の表裏ではないかと考えてきました。〈教育〉はこの課題を正面からうけとめ、社会と関わる精神をどう育てるかを環境やカリキュラムとして構想することを求められています。実態はその逆に進行しており、問題が深刻化していくばかりです。

さねとう様の〈創作民話〉は、こうした時代の課題を真っ正面から受け止め、確固とした生き方を提示しているのではないでしょうか。もっとも当てにされなくなった婆が、自ら行為を選び取ることで再生していく。その過程と知恵を三作品が力強く形象化しているように思います。

さねとう様の次の主張と対応しているのではないでしょうか。

過去の文化遺産をただありがたがって、後ろ向きに偶像視するのではなく、今日の聴き手と協業して磨き上げ、今が仕上げの真っ最中ととらえる方が、はるかに生産的ではあるまいか。

——将来の昔話を、今、語っているのだ!

といった気概で取り組むべきだろう。(『語りの本・民話篇2　愛の曼陀羅図』あとがきより)

＊

「姥捨て」の問題は子どもの問題でもあります。なぜなら「もっとも当てにされなくなった婆」のあり方は、子どものあり方にも共通しているからです。子どもは本来、仕事の場から隔てられて育ちます。まだ働くには役に立たないことが多すぎるからです。「当てにされな」いという意味で婆に近しい存在です。ただ、現代では、子どもの場合〈当てにされない〉あり方がかってより複雑になっています。その要因の一つは、モノ化された扱いをうけるという〈当てにされない〉あり方が目立ってきていることです。その根本的な基盤は消費社会であると考えています。二つ目の要因として、バーチャルな世界に早くから触れることで、子どもはいくらでも早く脳を肥大化させることができることです。この基盤は情報化社会であると考えています。三つ目の要因は、直接的な人間関係の崩壊です。その基盤に都市化した生活様式の徹底があると思います。

「姥捨て」とは表面的には異なる「子捨て」の問題が表面化してきています。虐待のような形をとるだけでなく、様々な形で表面化してきています。消費社会はモノを捨てることを美徳としてきた社会です。その価値観がお互いの人間関係に浸透し、ついに家族の中にまで浸透しているということかもしれません。捨てることは壊すことでもあります。「ひきこもり」「いじめ」とひと括りすることは危険ですが、自分も他者も、捨て、壊す、という傾向は社会のあらゆる層で起こっている大きな課題です。

２００６年12月29日

鈴木清隆

《書簡⑥》さねとう↓鈴木

教壇から一方的に押しつける教材でなく、
子どもの参加をうながす民主的教材を

鈴木　清隆　先生

〈往復書簡⑤〉をたしかに拝受。まず先生が展開してくださった拙作をめぐる精緻な作品論に敬意を表します。今までの論述にあたっても、わたしは、しばしば〈児童文学批評〉不在を慨嘆し続けたわけですが、その意味でも、年季の入った先生の読みによって、作者自身も明らかにできなかった部分にまで分析を深め、拙作を客観的に照射していただいたのは、大きな収穫でした。こんなエキサイティングな体験をさせていただいたことに、何はさておきお礼を申し上げねばなりません。先生のご指摘に触発されて、読み古した拙作をもういっぺん書架から引きずり出し、読み直したくなるほどでした。こんなにも熱い経験はもちろん初めてのことで、重心の低い眼光紙背に徹す読みの鋭さに、圧倒されるものがございました。

＊

さて、先便では体調の不良もあり、十分に論旨を展開できなかった部分を、まず補足させていただきたいのですが、先生の〈往復書簡③〉の後半部分についてです。

先生は〈教育的配慮〉について、「検定」や「教科書編集」「教師や大人の文学作品選択基準」などをめぐって、見解を述べておられます。しかし、先生自身も気づかれておられるように、わたしの問題提起は「狭い意味での学校教育を意識した『教育的配慮』に限ったことではない」のです。「『教育的配慮』とは、子どもたちの手元に届くまでに関わる〈大人〉や〈制度〉の意思の総体です」とあるのが正解です。

しかしながら長い間、すぐれた国語教育の実践をつづけてこられた先生の見解には、児童文学を創作してきた側に新鮮な示唆を与える部分もあり、興味深く拝読しました。学習指導要領にある「検定の基準」などは、われわれも本来承知しておくべき事柄だったでしょうが、先生に指摘されて初めて「こういうことであったか」と、認識を新たにしました。

たしかに「明るく」「清く正しく」「生命尊重」……といった、教材の選択基準は「向日性であり、理念的であって、たいへんよくできたキーワード」だと、わたしも思います。これらのタテマエの陰には、必ず対極的な概念（闇だとか、弱さ・不正など）が含まれており、それを立体的に把握できる成熟した大人（教師）の〈知〉が蓄えられているかどうかが、問題である――とのご指摘は実に的確で、教師サイドからの謙虚で率直な自己批判に感服いたしました。実は児童文学を創造する側にも、当たり障りのない表面的なテーマを追うだけの安易な取り組みが目立ち、「成熟した〈知〉」は作り手の側にも強く要求いたさねばならぬ要件でしょう。

ただし社会制度としての〈検定〉は、行政の過度の介入によって、教材選択を政治的に歪めて来たように思えてなりません。文部省のかかげる教材選択のガイドラインが、「明るく」とか「清く正しく」といった上辺のきれい事を羅列した作品に偏らせ、「闇・弱さ・不正」といった陰の部分も含む立体的な文学構造をもった作品を排除する根拠とされてきたのは、半世紀近くの作家生活を通じて体感した、まぎれもない事実でした。よく知られているように、一九八〇年に政権与党であった自民党から、国語教科書のなかの反戦平和教材（『ひとつの花』など）と民話教材（『かさこじぞう』など）に批判が集中、木下順二・松谷みよ子・斉藤隆介と、わたしたちが心血を注いで築きあげた創作民話の流れは、教科書ばかりか出版界からも抹殺されてしまいました。いたずらに権力の鼻息をうかがって、いち早く〈自己規制〉に走った出版界も責められるべきでしょうか、〈検定〉という規制枠をかけられると、教材選択も不自由になると同時に、営利追求の出版傾向まで規制して（課題図書が大きな利権となった結果、児童書出版と教育界は今や放ちがたく癒着しております）、作者たちにも重苦しい圧迫感・束縛感を与えずにはおきませんでした。思想・表現をめぐるこのような不自由さのなかで、かりに文学を深く理解できる「成熟した知」を教師たちが獲得したところで、（先生のような優れた実践者を除いたら）はたして子どもたちの受け止め方を尊重した自由奔放な授業が可能だろうか、とわたしはすこぶる懐疑的です。

＊

「どのような作品が、どのような理由により、選択されなかったか」という問いかけにお答えする形で、わたしのささやかな体験を告白させていただきます。（先生も教科書編纂に関わっておられたとのことで、あるいはご存知かもしれませんが）次のような出来事がありました。自民党による教科書攻撃の直後ですから、一九八〇年代の初めだったと記憶しますが、ある教科書出版社から、小学校の国語教科書を読んで評価してもらいたい、という依頼を受けました。よりよい教科書作りを願う誠実なお申し出と心得、わたしも真剣に八〇年代の国語教科書に目を通してみました。予想以上に児童文学の成果が取り込まれた、バラエティのある編集に感心させられましたが、それでも三点ほど、欠落した要素があるのでは、とわたしなりに感想を伝えました。

①戦争を扱った教材が、被害者意識に偏りすぎて、往時の子どもや庶民も欣然と戦争に参加していった

〈加担〉の側面を描いた作品がほとんど皆無。被害者ばかり登場させたら、だれが戦争を始め担ったのか、その実相が明らかにされぬ。②現代の子どもが直面している問題がほとんど出てこない。現代的に細心の教材が青木茂の『三太物語』では、現代を反映させることはできない。③ナンセンス——想像力による言葉遊びの要素が貧しいのではないか、想像力を駆使して「日常」を超えて行く実験的な試みがほしい。

わたしの文学のあり方に照らして、このような〈評価〉も成り立つのでは……と、見解を披露したところ、「ならば、さねとうさんの意見を実作をもって示してくれないか」と教科書出版社の編集者に頼まれ、三つの作品を書いた覚えがあります。①の戦争物は、『東京のぼっこさま』という作品で太平洋戦争末期、山奥の村に集団疎開した東京の学童が、しめし合わせて、集団で脱走したところ、雪雪崩にあって全員死んでしまう。しかし、ひたすら東京を目指す学童たちの霊は、大日本帝国の必勝を信ずる「ぼっこ」となって、今もなお、軍歌を高唱しながら過疎となった山野をさまよい歩く——というストーリー展開になっています。

②現代の子どもを扱った作品は五年生の三学期をイメージした「バレンタインデー」（注1）でした。五年生のあるクラスに〈鼻くそ原人〉とあだ名をつけられた、身体の小さいいじめられっ子がいたが、三学期になって、バレンタインデーが来たとき、自分の机にチョコレートを置いてあったので、びっくりする。クラスのいじめっ子は、「どこかで盗んだのだろう」とか「代わりに食べてやろう」と、例によっていたぶりにかかるが、そこへクラスでも一番体格のいい女の子が、「自分が贈ったチョコをどうする気だ」と割って入る。その勢いにおそれをなして、いじめっ子たちがひるんだ瞬間、当のいじめられっ子は、恥ずかしさのあまり女の子を突き飛ばし、チョコレートを床にたたきつけ、粉々にしてしまう。

その日の帰路、下校中のいじめられっ子を女の子が追いかけて来る。せっかくの親切を台無しにされたので、さぞかし腹を立てているだろうと身構えるいじめられっ子に、女の子は三つの伝言をする。「いくらいじめられても、休まず学校に通う男の子を、常日頃えらいと思っていたこと」「しかし、自分のような大柄の女の子からチョコをもらい、恥ずかしい思いをさせてすまなかった」「それでも、自分を突き飛ばしたときは、すごい勇気があった。あの勢いで、今度いじめられたら、相手を突き飛ばしてやれ」……いじめられっ子の男の子は、急いでその場から逃げようとするが、力いっぱい踏みとどまって「うん」とうなずく――ざっとこのような物語でした。

③のナンセンス物も書くには書いたのですが、長い歳月を経て、内容をよく覚えておりませんが、①と②は教科書掲載を視野に慎重に検討してくれたので、しっかり記憶しています。なかでも、〈いじめ〉という現在も緊急の問題に正面から立ち向かった「バレンタインデー」は、五年の三学期という時期に、この教材をめぐってクラス全体でディスカッション出来まいか、と心中秘かに期待していた作品でしたが、教科書出版社内部の検討会において、教育現場の先生方の強硬な反対にあって、あえなく不採用になったと告げられました。わたしの作風からいっても、検討会の突破は容易ではあるまいと、どこかで諦めていたので、その結果についてはさほど驚きませんでした。ただし、不採用の理由だけはしっかり確かめておこうと、編集者に問うたところ、まったく想定外の返答に愕然とさせられました。

――現場の教師を誹謗・中傷するような作品を、教材にするわけにはいかない。……とのことでした。

――……?

瞬間、頭の中が白くなりました。作者としては、難解きわまる「考えオチ」でした。(誹謗・中傷という言葉が使われたか、必ずしも記憶が定かではありませんが、要するに教師の立場をないがしろにした――という内容でした）自作を再読、三読したあげく、ようやく思い当たったのは、物語の冒頭の部分で、子どもたちの間ではいじめが公然と行われていたのに、教師は全く気づかなかった（気づかせぬよう、巧妙に行われた）と描いた部分に問題があった――と気付きました。

教師は全的に子どもたちを把握している、という前提に立つならば、こんなとらえ方ができるかも知れません。二十五年前の教育現場の認識はこの程度だったようで、このような自信過剰が、いじめ事件が発生するたびに「自校には一切いじめはなかった」と、オウム返しに否定する根拠なのかと思い至りました。部外者からみると、いささか見当違いの抗弁を学校側は頻発しますが、そのわけがやっと分かりました。鈴木先生は校長先生経験者ですし、わたしの受け止めとは違った見解をお持ちになるかも知れませんが、教師に気付かれるようなヘマを、そもそも陰湿で老獪ないじめっ子たちが犯すはずもなし、逆に教師が全面的に子どもたちの実情を把握していたとしたら、四半世紀もの長期間にわたって、いじめが蔓延することもなかっただろう。子どもの気持ちを代弁する児童文学者としては、そう思わざるを得ません。

子どもが置かれている現実をリアルに反映させない限り、作者のメッセージが子ども読者に届くわけがない――わたしは、このような確信のもとに、児童文学を書き続けて来ました。ですから、五年の三学期用の教材としてこの物語を構想したときから、教師の目にとまらない世界で展開される「いじめの実相」と、それを乗り越えよう、何とかしようとする、子どもたち相互の「ささやかな営み」に、焦点を合わせるつもりでした。作者としては、教師の役割を頭から否定したり、排除する意思はなく、そもそも教師抜きで成立しているいじめの正体を、国語の授業の場でもリアルに認識させ、それに如何に対処すべきか、当事者である子ども自身に突きつけたかったのです。国語教育のベテランである鈴木先生は、「そんな無茶な教材を教室にもちこまれちゃかなわんよ」と思われるか、「そういう授業も面白かろう」と乗り気になってくださるか、ちょっとお訊ねしてみたい衝動にかられます。口幅ったい言い方ですが、長年児童劇に関わってきた経験に照らして、この手の教材に出っくわせば、子どもたちは必ず活性化するだろうとい う自信がありました。よそ事のお題目でない、子どもらにとって実感のある、旬な問題提起ができるだろう。それまでの国語教科書に欠けていたのは、こういう視点なのではないか。つまり教壇から一方的に押しつける授業ではなく、子どもたちの「参加」をうながす民主的な形態があっても良いのではないか。不採用の理由を聞いた瞬間に、この作品にぬり込めた痛切な思いが、わたしの脳裏をよぎりました。

＊

思い返せば八〇年代の初めは、灰谷健次郎の『兎の眼』がベストセラーとなり、「優しさ」というオブラートにくるんだ大人（教師）の善意の押しつけが、猖獗をきわめていた時期でもありました。七〇年代、たとえばわたしの作品『なまけんぼの神さま』などによって、子どもが置かれている現実を直視して、むしろ彼らにその解決を委ねるという手法がようやく確立、六〇年代に横行した、後にテーマ主義児童文学と総括される、メッセージ過剰で「人間不在・子ども不在」の欠陥を、たとえ生活環境は不条理で矛盾に満ちていようとも、それを凌ぐ溌剌とした行動力で突破する子ども群像で塗り替えようとしていました。そこへ突然、ひたむきな教師愛をうたいあげた灰谷文学が登場したのです。彼はある座談会で、『なまけんぼの神さま』を強く非難して、次のように発言しています。（注2）

『なまけんぼの神さま』を、ある人から勧められて読んだときに、あ、これは大人文学が持っている困った落とし穴を持った作品だなあと思ったんです。もしぼくが児童文学を書くのであれば――その当時すでに『兎の眼』も書いてたんですけど――あそこから出発する文学を書きたいなあと思いました。（中略）あそこで放りっぱなしにされる人物像というのは、読者に衝撃を与えるという一つの効果は認めるけれども、しかし人間というものは、そこから希望へ向かって生きるという道が設定されて、そして書き手が、登場人物とともに苦しむということがなければ、まるで意味がないというふうにぼくは考えたんです。（座談会『児童文学におけるリアリズム』での発言）

『なまけんぼの神さま』は、東京・山谷のドヤ街に住む子らを描いています。三畳一間に親子五人が暮らす生活でも、野宿よりはましという世界です。この劣悪な環境と、無責任でだらしない親たち。それでも子どもは子どもらしく、健気にがんばっています。中学校を卒業した女の子は、屋台の飲み屋で働き始めるのですが、一念発起して「定時制の高校へ通おう」と、ささやかながら「希望へ向かって生きる道」を探り当て歩み出す――こんな結末になっています。ドヤッ子が、例え定時制でも高校へ行こうと決心をするのは、あんまりささやか過ぎて灰谷健次郎の目には映じなかったのかも知れませんが、山谷を抜ける勇気もない大人たちを尻目に、大きな一歩を踏み出した少女を、祝福してやるべきではなかったか。「ほうりっぱなし」というけれど、彼らを取り巻く現実は、教師の「優しさ」ぐらいではどうにもならないことを、よく承知しているはずです。教師にも「限界」があることを潔く認めるべきだし、子ども自身の未来選択には、大人（教師）といえども介入すべきでない。「書き手が登場人物とともに苦しめ」と力んだところで、子どもの主体的な努力がなければ、何の解決策にもならぬ自己満足に過ぎません。

「バレンタインデー」の場合もそうですが、大人の手出しを期待しないで、子ども自身がなし得る行動を、作品のなかで追求してきました。自分の少年体験に照らしても、いつもいつも優しくしてくれる親切な大人に恵まれるわけではないのです。そんなものをあてにしないで、自分の才覚一本で難関を切り抜けてきました。ですから、そういう身の処し方を受けついでもらうのが、わたしの児童文学にかけた願いだったのですが、灰谷さんの文学はあまりにも子どもをかまい過ぎて、大人の善意を押しつけた結果、せっかく七〇年代に築きかけた「児童文学における子どもの主体性」をくつがえす、「大逆流」になってしまいました。『兎の眼』などは、子どもを単に教育実践の対象――客体にしておいて、どうして児童文学なのだろう？　どうやら児童文学を子どもの手から（大人の側に）奪い返す、負の成果しか生まなかった――これがわたしの評価です。

ごく最近、日本児童文学者協会に向けて文部科学省から「児童文学でも〈いじめ〉の問題をとりあげるように」との要請があったと聞いています。所詮、行政のポーズに終わるでしょうが、それにしても「バレンタインデー」の哀れな末路が悔しくなります。その後の児童文学者の営みをみても、本気で「いじめの問題」に取り組む気構えがあるとは思えませんが、まさに文学者の側も「子どもの置かれている現実にたって、立体的に作品化できる〈知〉を備えるべしですね。〈いじめ事件〉を蔓延させ、自殺者を輩出させた責任は、教育現場のみならず社会全般にあると思いますが、この不作為の作意で生じた過ちは、教員のみならず児童文学者にも連帯責任があり、子どもの総体に向けて謝罪すべきじゃないかと、連日のように報道される悲惨な事件に接するたびに、つくづく思うようになりました。

＊

このあたりで、今回の紙数も尽きたようです。他にも「反戦平和教育をたっぷり受けた戦後っ子世代の政治家たちが、どうして安易に憲法改正を唱え、戦争ができる普通の国になりたがっているのか」――わたしが書いた〈反戦平和教材〉に触れながら、こうした疑問も追求したかったのですが、それらはすべて次回にまわさせていただくことにします。

二〇〇七年一月一九日

さねとう　あきら

（注1）「バレンタインデー」は「飛ぶ教室」誌　一九七九年　冬号（光村図書発行）に所収。後に『はじめてのバレンタインデー』と改題されて、一九八六年　秋書房より単行本として刊行。

（注2）灰谷健次郎責任編集『子どもが生きる』（一九八四年　世界思想社刊）所収の座談会「児童文学におけるリアリズム」（出席者　神宮輝夫・山下明生・灰谷）。

《書簡⑦》鈴木↓さねとう

作品「バレンタインデー」は
いじめの課題を解く一つの道筋を提示している

さねとう　あきら様

認識を新たにさせられたことが二つあります。一つは、創作民話が教育現場から遠ざけられた過程とその根拠についてです。木下順二氏、松谷みよ子氏、斎藤竜介氏、さねとう様の作品など、創作民話が教科書から遠ざけられた問題です。さねとう様は実作者としてその渦中におられ、様々なことを感じ、激しい憤りをもたれてきたことがよくわかりました。もう一つは、さねとう様の作品をはじめ、〈いじめ〉をテーマとした作品が教科書に位置づけられないまま現在を迎えているという問題です。先駆的な作品がその内容価値の検討によってではなく、現場の事情（扱いにくいという事情）から避けられてしまっているという問題です。

＊

教科書と関連したこの問題の検討はどのような方法ですすめることができるでしょうか。わたしは教科書教材の変遷をたどる基礎研究を踏まえることで深めることができると考えます。

・どのような作品がどのような根拠から教科書に採用されるのか。
・創作民話が教材としていつごろから教科書に登場したか。
・創作民話の意図や価値はどう検討されたのか。

こうした変遷の内容検討を経ることで提起していただいた問題の事情や思想が見えてくると思います。しかし、実作者であり、この問題の渦中に立ち会われてのさねとう様のご見解を知ることができました。貴重なご証言をいただくことができたこと、感謝いたします。

また、〈教育〉の衣を着ることで傲慢に陥る危険性を鋭く批判してくださっています。このご指摘は大切にしたいと思います。と、申しますのも、わたし自身ずっと同じ問題意識を持ってきたからです。教育現場で仕事をすすめてきながら傲慢に陥る危険性を自覚してきたつもりです。どのように自覚してきたのかは拙著『〈林竹二の授業〉論』（注1）と論文「戦後教育意識史論」（注2）で詳しく述べてまいりましたので、別の機会にご検討いただければありがたく存じます。ただ、傲慢に陥る危険性を自覚させられたきっかけがありますのでお聞きください。それは、一つの問いでした。

本当に教えたいことはあるのか。それはどのようなことか。

この問いを下さったのは教育思想家の林竹二氏でした。林竹二氏は東北大学でソクラテス、明治維新、田中正造の研究を深められ、宮城教育大学で教員養成の問題を追及された方です。また、「人間について」「開国」「田中正造」などの授業を全国の小学校や定時制高校で実践されました。わたしが三十代前半に書きついだ「林竹二の授業研究ノート」というガリ版刷りの論文をお読み下さったのが縁で、わざわざ八王子まで会いにきて下さいました。教師としてのどのような業績もあげていないわたしの論文を読み、会いに来てくださったのです。行為によって自ら吟味しながら物事を追求する――その厳しさを深く納得させていただいたものです。

わたしは〈本当に教えたいことはあるのか。それはどのようなことか〉という問いに捕らえられました。そして、その後たいへん苦しい年月を過ごさざるを得なくなりました。教育の技術や技能を身につけるだけでは内面の安定を得られなくなってしまったのです。しかもこの問題は他の誰にも相談できない難しい悩みとなりました。しかし、わたしが〈教育〉の衣を着て傲慢に陥る危険性からある程度逃れることができたとすればこの問いに捕らえられたことがその端緒です。

提起された問題はたいへん重い課題を突きつけていると考えています。そこで、整理して論じるだけの蓄えはありませんが、個人的な印象だけ述べておきます。印象を述べるだけでも課題の糸口が見えてくるように感じるからです。

＊

二つの問題の根底には共通している要素がある――わたしはそう思います。その要素とは何でしょうか。わたしの印象では次のものです。

まず、教育に関わる人の〈物事を考え、つめようとする力〉の衰えということです。次に、物事を突き詰めて考えた人も、それを〈社会に訴え、交流する場所と手段を持続的につくりだせなかった〉のではないかということです。

ところで、この事態の背景は複雑です。教育に関わる人々は、何も好んで考えようとしないのではありません。それどころか、懸命に物事を自分で考えようと務めています。それなのに、〈物事を考え、つめようとする力〉が衰えているという事態が進行しているのです。この複雑な状況は、教師個々の努力の問題ではなく、社会総体の問題として解かれるべきだというのが、わたしの考えです。

＊

作品批評活動の衰退が〈物事を考え、つめようとする力〉の衰えと関連しているという視点からこの問題を考えてみます。

児童文学作品を素材とした批評活動は残念ながら低調なのではないでしょうか。いや、低調と決めつけることはできないかもしれません。作品批評や内容是非論が社会に広く流通していないだけで研究は続けられている。それをわたしが知らないだけなのかもしれないからです。しかし、作品を選び、授業を通してこどもとその内容を学ぶ「教育の場」に批評活動の熱気は届いていません。そのことは三十五年間小学校教育の現場で過ごしてきましたので確信をもって言うことができます。ざっとふりかえってみると、1970年代までは児童文化を巡る様々な意見と実践が次々と現場に届き、教師の意識に影響を与えていました。80年代、90年代と徐々に作品批評が衰え、2000年以降はほとんど届いていないように感じてきました。

批評活動は低調であると繰り返さざるを得ません。研究と実践、作家と研究者と教師がそれぞれ孤立している状態のあらわれです。

＊

ここで乱暴な整理をしてみます。

作品の批評が尊重されなくなっていく過程は、市場主義の台頭過程と重なっていると思います。売れることが作品価値の唯一の基準となった過程です。この印象はマス・メディアの問題と重ねるともっと分かりやすくなります。〈視聴率〉主義、〈視聴率〉信仰です。その信仰が行きすぎて、事実や実体は編集によって作りだすことができるという錯誤の問題です。マス・メディアの退廃の問題であり、「空洞化した言葉の浪費」の問題ではないかと考えています。

この問題に一定の歯止めをかけられるのは作品批評という行為の持続しかありません。作品を量で受けとめるのでなく質で受けとめようとする行為だからです。批評行為を持続してこられたさねとう様からすれば、たいへん切実な問題だったのではないでしょうか。もともと批評とは作品に隠されている見えにくい構造や視点を探り、価値と意味を吟味する批評者自身の主体的な表現行為だと考えてきました。その行為は責任を伴う、切れば血のでる行為です。その行為は〈視聴率〉主義とは逆立した人間主義ともいえる行為です。批評が尊重されなくなっている現状は、人間や作品が無機化される過程であり、創作という行為の意味が拡散し、溶解過程に入っている時代と言えるのではないでしょうか。

＊

「風が吹けば桶屋がもうかる」の論理で恐縮ですが、作品を読む場に批評が届かない状況が続くことは、教師の読みを深める力を衰えさせると主張しなくてはなりません。読書行為は何にもまして自由な時間だと思います。人は作品と出会うことで刺激され、イメージと論理が働きだし、一つの新たな世界を描くことになります。その意味ではだれにも邪魔されず、読み浸ることが保証されなくてはならないものです。学校でも「朝の読書」運動が盛んになってきました。もっともっと盛んになってもらいたいと思います。

ここで「教師の読みを深める力を衰えさせる」という問題にもどってみます。

自由な読書体験の保証とともに、読む力を育てること、つまり環境づくりと認識を深める方法の教授が教育の二大テーマです。二つ目の「認識を深める方法の教授」のテーマは、作品批評や作家研究の深まりと表裏の関係にあります。教師は自由に読み浸る時間を保証するとともに「認識を深める方法の教授」をカリキュラム化する必要があります。読書を楽しむ体験と認識を深める体験の両方がバランスよく配置される必要があるのです。こうした事情から教師の自由な印象読みはゆすぶられ、認識を深められる必要があるのです。作品批評は教師の読みを深める契機になってきました。その批評行為が現場に届かなくなっていることは憂慮すべきことです。児童・生徒の読書体験の少なさも大きな課題です。そのことと同じくらい大きな課題が「教師の読みを深める力を衰えさせる」状況の進行です。多くの教師が真摯に児童・生徒と向きあって努力しようとしています。何とか状況を変えて支援したいと考えています。

こうした状況の進行は速く、事態は深刻と受けとめていいかもしれません。わたしの印象では次のような状況がすでにあらわれています。

深めて読む手法の衰えを嘆くよりは、手軽によむ手法がもてはやされ、その方法がこどもに伝えられていく状況があるからです。こうした傾向は、生産社会から消費社会に骨の髄まで浸かっている状況での自然の道行きなのかもしれません。努力をすると誰でもその道行きをたどってしまわざるを得ない自然過程なのでしょうか。

＊

さねとう様は〈いじめ〉をテーマとした作品を送ってくださいました。作品とは「バレンタインデー」（「飛ぶ教室」１９８４年　冬季号）です。その作品を素材にして、現在の〈いじめ〉問題をわたしなりに考えてみようと思います。

「バレンタインデー」は起承転結がはっきりしている作品です。あらすじを取り出してみるとそのことがよくわかります。まず、あらすじをまとめ、次に、内容を現在の〈いじめ〉問題とむすびつけながら作品批評を試みてみます。

◆1（起）の場面

「鼻くそ原人」とあだ名でよばれる源二郎は五年生。友達がいない。席は木下先生のすぐ前である。源二郎は先生の目からみるといたずらばかりの子どもである。例をあげると、教室から消えてプール脇の桜の木にのぼって幹にかじりついている。女の子の物差しや給食袋がなくなり、源二郎の机の中から出てくる。からだじゅうが白墨の粉で真っ白になっている。どれも源二郎がしたくてしたのではなかった。春雄や隆など他のいたずらっこのやったことだった。先生はいたずらばかりする源二郎をよく思わず、目のとどくところにおいたのである。

◆2（承）の場面

二月半ばのある日。源二郎の机の中にバレンタインデーのチョコレートが置いてあった。真っ赤な紙に包まれていた。春生や隆が見つけ、ひったくろうとした時、クラスで一番体重のある、井口信代が、自分があげたと立ちはだかった。春生や隆がその様子をはやしたて、学級中がげたげた笑いだした時、源二郎はチョコレートの箱を信代の足元にたたきつけ、信代をなぐりはじめる。たたくだけでなくチョコレートの箱を踏みつけた。信代は悲しそうな声をしぼりだしてさからわなかった。

◆3（転）の場面

いつもひとりぼっちで帰る源二郎を、信代が追いかけて、森の小道まできた。信代は、いじめられても負けずに学校に来る源二郎を「あんた、えらいと思うわ」と、言い、チョコレートをあげることにしたことを伝え「ごめんね」と、わび「今度いじめられたら、今朝みたいにがんばりな」と、はげました。

◆4（結）の場面

源二郎は信代から訳をきき、「うん……！」と、しっかりうなずく。源二郎のうなずきに、信代もからだ全体で「うん！」と、こっくりする。

＊

作品「バレンタインデー」のあらすじを取りだしてきました。

この作品を源二郎と井口信代の二つの視点から読みとくことができます。

まず源二郎の視点から読むと、源二郎の心的な転回が次のように書き込まれていることがわかります。〈いじめ〉に対して、いたずらっこから無理強いされても「目をぱちくりさせるだけ」の源二郎が井口信代の体をはった行為によって徐々に感情をあらわすことができるようになり、とうとう、信代と「うん」「うん」と深いコミュニケーションをはたすことができるようになる道筋です。

信代の視点から読むとどうでしょうか。信代はふとっていることを通して、〈いじめ〉に対する乗り越えを体験し、それを源二郎に行為をもって伝え、導く役を担っています。その役割は〈強い母性〉とでも呼びたくなります。学校生活では教師が担うことを期待される役割ではないでしょうか。しかし、「バレンタインデー」では、教師でなく信代という同級生がその役割を担います。これは作者がこども同士で〈いじめ〉乗り越えの体験を交換してほしいと願っていることの形象ともいえるでしょうか。

もうひとつ気づかされることがあります。それは、〈いじめ〉ているこどもたちを「いたずらっ子」と名づけていることです。現在は〈いじめ〉問題に対応するためには罪と罰のレベルで対応せざるを得ない事例が次々と発生しています。「いたずら」として許容できない事例があらわれてきたのです。しかし、〈いじめ〉は「いたずら」をその基盤にしている点は現在にもつながっていると思います。ですから「いたずらっ子」のレベルで解く努力をすることこそ、踏まえられなければならない教育の基本的な思想と言えるのではないでしょうか。

＊

作品の意図するメッセージを要約してみます。あらすじをたどることでつかむことができるメッセージは、次の通りです。

〈いじめ〉は導き手や援助者がいれば、行為によって越えることができる。

このメッセージは現在にも通じる理念です。しかし、さねとう様がこのメッセージを作品化したということはどのような危機意識からだったでしょうか。わたしはメッセージの背景には導き手と援助者が身近から消えつつある、その危機意識があったのではないかと想像しました。導き手と援助者が身近から消えるということは、たいへんな問題です。どのようにたいへんなことかはその状況で〈いじめ〉が発現するとどうなるか考えることで分かります。〈いじめ〉の手口が陰湿さと暴力性をまし、歯止めがなくなるということです。〈いじめ〉の発生件数は減っているという報告がありますが、その陰湿さと集団化は進行しています。また、〈いじめ〉はその形態を変化させています。人間的な偏見や差別の問題、つまり人権意識の高揚といった図式では解くことができない状況が生まれているというのがわたしの認識です。情報化社会と消費社会が人間の意識と行動様式を変えたことに根底があるのです。現在の〈いじめ〉は、偏見や差別という関係意識の間で発生するのではなく、情報化と消費化社会のなかで誰にでも蓄積されるストレスの伝播によって発生し、展開しているといえます。

＊

「バレンタインデー」は〈いじめ〉の課題を解くための一つの道筋を鮮やかに提示していると思います。高学年の子どもたちならこの作品を読み、〈いじめ〉をめぐってさまざまな議論ができると思います。登場人物が典型化され、役割がわかりやすく描きこまれているからです。〈いじめ〉をめぐって議論できる整理された展開の作品と言うことができると思います。その意味では教育的な役割をはたすことができるということです。当時はまだ教師の理解をえられなかったかもしれません。しかし現在ではずっと理解をえられると思います。〈いじめ〉問題の発生から乗り越えるまでの全過程を正面から扱っていて、様々な立場から考えることができるからです。こどもたちと共に考えを深める読書体験が可能な作品だと確信できます。この事情は作者にとって複雑な心境ということかもしれません。なぜなら、教育的な意義を突き抜けたいと願って作品化されたと思うからです。ところが〈いじめ〉にあっている子どもの琴線にふれたいと願いつつ、その作品が教育的なフィルターをかけられて扱われてしまう可能性があるということは、作者としては矛盾を抱えることになるかもしれません。

ですが、さねとう様としては教育的に扱われることを見越しておられたのではないでしょうか。たくさんのこどもたちが読んでくれることを願って矛盾をあえて引き受けられたようにも感じました。

今から二十三年前の１９８４年、〈いじめ〉を正面から取り上げた作品が生まれ、その先駆性から十分に読者に行きわたらなかったことは残念としか言いようがありません。

〈いじめ〉の検討をしてきましたが、〈戦争〉観を整理してみたくなりました。つながっている問題のように感じるからです。

＊

これまで〈戦争〉と〈平和〉は交互にくる状態であるという歴史認識を植えつけられてきたように思います。ところがその認識だと、世界は〈平和〉に満ちているが、不幸にして〈戦争〉状態の国や状態がごくまれに発生するという世界イメージになります。〈戦争〉はどこか遠い国や地域のこと、または過去の過ちで、現在直接の関係はないというイメージなのです。第二次世界大戦後の〈戦争観〉の根幹にある認識ではないでしょうか。わたしのようなイメージが生まれるのは、直接体験された人にとっては過去でも遠い国のことでもない出来事が三十年ほどで異質なイメージに変換していく証左とも言えるでしょうか。しかし、わたしのような者でも、現在はそのような世界イメージを描くことはできません。それどころか、世界は〈戦争〉状態の中でかろうじて〈平和〉を保っているというイメージに満たされています。

わたしはなぜこのような世界イメージに満たされているのでしょうか。また、なぜわたしの世界イメージは逆転してしまったのでしょうか。そのことをはっきり認識させられたのは、〈９・11〉のアメリカ国際貿易センタービル崩壊からです。その後、アフガニスタン、イラクへのアメリカが主導した戦争の進行です。それらの進行を報道で知ることによって世界イメージが大きく転換しました。

〈戦争〉は基本的に〈国家〉間で発生します。しかし、〈戦争〉は国家の中で起こる内乱によっても、また民族対立、宗教対立によっても発生します。そこに共通している原理は「敵は敵である。敵は殺せ」であると考えています。人間関係が壊れる究極の状態です。その意味で、こどもたちの人間関係が壊れていることが気になります。こどもはもっとも敏感に時代を体現するからです。〈いじめ〉の陰湿さの進行は「敵は敵である。敵は殺せ」という戦争の原理に近づいているような危惧をもつのは杞憂であってほしいと願っています。

＊

鈴木清隆

2007年6月24日

（注1）拙著『林竹二、その授業と思想』（2015年／揺籃社）
（注2）拙著『国語通信 2』収録論文

《書簡⑧》さねとう↓鈴木

本来、児童文学批評は、〈子ども寄り〉の視点で論じるべきである

鈴木　清隆　先生

〈往復書簡⑦〉、たしかに拝読しました。この半年、病院暮らしも多く、きわめて受動的な生活をしてきましたので、久しぶりにわたしの五感がよみがえり、気持ちも前向きになれそうで、ありがたいことです。

＊

林竹二先生の〈本当に教えたいことがあるのか〉という問いかけ、厳しいものがありますね。これはそのまま〈本当に書きたいことがあるのか〉と、児童文学関係の人々に突きつけた問いでもあります。わたしは一九九〇年代まで、某児童文学賞の選考委員をやっておりまして、その年度発行の児童書のほとんどに目を通して来たのですが、ちょうどこの頃から児童文学の迷走も本格的になりまして、〈売れるならどんな本でも出す〉状態に陥りました。それ以前は、児童文学の書き手は大なり小なり、戦後児童文学の流れを尊重しながら（たとえ批判的な立場を取ろうとも）、その中に自作をどう位置づけるか、そのあたりの〈平衡感覚〉を大切にしてきました。今も昔も子ども文化は、社会的にマイナーな扱いを受け続けてきたわけですが、なればこそ、われわれは小さな力を寄せ合って、先人が切りひらいた流れを受けつぎ、更にそれを太く豊かなものにして後輩に譲りわたすことを、関係者共通の当然の責務と考えて来ました。

ところが八〇～九〇年代にかけて、こうした流れに公然と顔を背け、おのれの嗜好のままに〈軽読み物〉を大量生産する徒輩が登場してきました。鈴木先生のおっしゃる〈物事をつきつめて考えようとしない〉傾向は、児童文学サイドでも同様で、世紀末の時期から台頭した実感があります。つまり先人が残した経験則（伝統）から何も学ぼうとせず、個人的な好みでしか物を考えなくなると、いたずらに奇を衒う傾向が強まると同時に、思想の先祖返りというべき「保守化」現象も起こって、方向性を喪失した混乱・混迷は、すでにその極に達しています。本来ならば、こういう混乱を解きほぐして、あるべき流れを引き出すのが、「児童文学批評」の役割だと思いますが、先生のおっしゃるように現下の批評活動は低調をきわめ、「仲良しクラブの褒め合いゴッコ」に堕しているのが、情けないけれど実状です。「児童文学一年の総括」を批評家や作家に依頼しようものなら、自分の好きな本、気に入った作品ばかりを羅列、「あまりにも内向き！」と眉をひそめる場合も多々ありますが、わたしのように仲良し批評家に恵まれぬ身にありますと、デビュー以来三〇年、相も変わらぬ「蚊帳の外」状態になってしまいます。こういう体たらくでは、批評活動の熱気なぞとっくの昔に霧散してしまい、教育の場に何も届かないのは、当然すぎるくらい当然なことでしょう。むしろ意識して積極的に、さまざまな交流集会などに出て、教育現場の先生方と切磋琢磨しながら、自作を深めていった思い出のあるわたしには、かつて子どもたちとの大切な接点となった、教育現場との交流が細り、断絶しかねないこの現状に、ただただ長嘆息するばかりです。

以前（〈書簡③〉で）、先生は教材選択をめぐる基準にふれて。「作品を選択する〈大人〉が文学作品を立体的につかむだけの〈知〉を蓄えているか」と、見事に喝破しておられましたが、みすぼらしいほどに「成熟した知」に欠けているのは、児童文学批評ではないか。先に送った拙作「バレンタインデー」を、現場体験豊かな鈴木先生から「今から二三年前の一九八四年、〈いじめ〉を正面から取り上げた先駆作」と評価していただき、柄にもなく熱いものがこみ上げてきましたが、実はこれ以前にも、一九八三年に刊行した『ぼうしさんのかくれんぼ』（理論社刊）という幼年童話があります。早生まれで特別身体の小さな女の子が、新一年生になったばかりの頃、初めのうちは元気いっぱい学校へ通ったものの、やがて帰りも遅くなって、快活さも失われてきます。お母さんは心配して、下校時、迎えに行きます。すると、ひとり林のなかで、木の周りをウロウロしている我が子を発見します。「なにをしてるの？」と訊ねると、「ぼうしさんとかくれんぼしてるの」と答えます。お母さんが木の上を見上げると、おチビさんには手が届かぬ高い枝に、登校用の黄色い帽子が引っ掛かっていました。本来なら新一年生は下校班を組んで、集団で帰ってくるはずなのに、女の子はひとり林に残って、木の枝に掛かった帽子を取り戻そうと、必死の努力をしていたわけです。それでも「ぼうしさんとかくれんぼ」と、明るく言ってのける女の子の心根を察して、お母さんは黙って帽子を取ってやり、いっしょに家に戻る――というストーリー展開になっていました。

発表当初、この作品は新聞でも取り上げられ、批評（紹介）が掲載されたりしたのですが、ちょっと気になる文言がありました。「学校通いに慣れた女の子は、下校途中、林の中で道草して遊ぶようになった」と執筆者は受けとめたのです。たしかに女の子は「いじめられた」とは口が裂けても言わなかったでしょう。それでも集団下校の同級生はみんな帰ってしまったのに、ひとり林に取り残されて、手が届きそうもない枝に掛かった帽子めがけて、飛んだり跳ねたりしている新一年生を想像すれば、その直前に何があったか、ピーンと来るはずです。そもそもそんな高い枝に、チビの女の子がどうやって帽子を乗せたのでしょう？　何のために？　もちろん真犯人は、下校班のなかにいます。きっと背の高い子が、黄色い帽子を取り上げて、ヒョイと高い枝に乗せてしまったのでしょう。それでも女の子は、泣きもしないで歯をくいしばってがんばりました。お母さんの顔をみても心配かけまいと、「ぼうしさんとかくれぼ」と明るく言ってのける、小さな女の子の大きな優しさ、芯の強さ！　それを学校帰りの「道草」と誤解するのは、「文学作品を立体的につかむだけに成熟した〈知〉」に欠けると言わざるを得ません。

実はわたしにも、早生まれで身体の小さな娘がおりまして、幼稚園のころからいじめられっ子でした。新一年生になると、近所の子らのよい標的になって、登下校の際に帽子を奪われるような事件が頻発しました。更にわたし自身も、早生まれで体格に劣る少年だったので、昭和十六年に皇民化教育の徹底を図った国民学校に入学したら、たちまち軍国教師の餌食になって、ビンタの雨にさらされました。そういう経験もあって、娘のいじめには人並みはずれて神経をとがらせたのですが、彼女は小・中学校を通じていじめられ続け、成人してからも対人恐怖症で病んでいるようです。『ぼうしさんのかくれんぼ』は、いじめられっ子の娘を励ます親父の応援歌で、わたしにとって唯一の「私小説」だったのですが、この本を出版した直後に教科書出版社からのお話もあり、自分の少年時代の体験まで勘案して、いじめの克服法に思いを凝らしたのが「バレンタインデー」でした。もちろん、一介の作家がこんな物語を書いたからといって、娘の周辺に何か変化が起きるわけでもなく、身を挺してかばってくれるようなクラスメートには、ついに恵まれることなしに、肩身の狭いいじめられっ子として、彼女は中学を卒業して行きました。こんな身内の事情もあり、五年生の国語教科書にあの物語をのせることで、子どもの側からいじめの問題に迫り解決してほしいと、個人的心情としても、かなり切迫したものがありました。

児童文学は、子どもを最終読者とするために、子どもの立場を意に介さない大人は、時により滑稽な誤読をしてしまいます。「バレンタインデー」における教師と児童、『ぼうしさんのかくれんぼ』の親と子、その立場によって読み取りがかなり異なります。管理者としての大人の立場をふりかざすと、教師が見抜けないいじめの実態を描いた作品を、「教師を誹謗した児童文学」として忌避・排除してしまったり、「幼い子の精一杯のがんばりと優しさ」に対して、「学校帰りに道草にふける困った子」と非難したり、本来子どもの視点で論じられるべき児童文学が、その評価をめぐってとんでもない方向へ逸脱するのを、しばしば体験させられました。すでに大人である作者が、〈子ども寄り〉の視点を維持するのは、かなりの自覚的努力を要する部分で、しばしば〈大人寄り〉の感性が忍び込んできます。

いくつかの例をあげますと、壺井栄の『二十四の瞳』などは、戦争へ突入する時期の子ども群像を描いた児童文学の傑作の扱いを受けていますが、(児童文学の観点から) 厳密に申し上げますと、教員の目に触れた〈子ども像〉を一方的に押しつけるだけで、教師にはみせられぬ子どもの裏面などは意に介さぬ、「無垢な童心の賛美」に終始しているとしか言いようがありません。(「バレンタインデー」を参照してもらえれば、その差異は明瞭だと思います) 灰谷健次郎の『兎の眼』もほぼ同断で、教師の関心を惹いた子だけが〈エコひいき〉されている印象です。成人 (教員) 小説としては、ホンネに忠実に良く書けているのかも知れませんが、すばらしい教師像とうたいあげればあげるほど、子どもは教師なんか選べない逆の立場ですから、「自分の担任は、こんなに良い先生じゃない」と羨むか当惑するか。〈エコひいき〉されてない多くの子らは、絶望感を深めるばかりでしょう。作者としては、(主に大人の読者に向けて) 純粋な教育愛こそ子どもを救う、と訴えたつもりでも、このように理想的な教師に恵まれていない子どもにとっては、何の慰めにもなりません。〈大人寄り〉児童文学の不幸と言うべきでしょうか。

教員に限らず大人社会全般に、子どもが置かれている立場を理解せず、まして子どもの視点に立ってみるなんて、考えたこともない大人が充満していて、出口なしの閉塞状況に子どもを追い込んでいるのが、まず問題でしょう。いまだに「大人」を頑迷に堅持して、子どもを頭からみくだしてお説教の一つもたれる、わたしの言う〈大人寄り〉児童文学が圧倒的多数派で、マスコミから教育界にまで、こうした考え方が瀰漫した結果、今日児童文学本体を途方もなく歪ませている事実を、やはり附記しておかねばなりますまい。文学一般と異なり、そのスタンスが〈子ども寄り〉か、〈大人寄り〉か、それにより本質が異なってくるところに児童文学の難しさがある、と言えましょうか。先生は〈書簡③〉において「小学校学習指導要領」を紹介され、「この内容を読む限りでは〈教育的配慮〉が〈児童文学を失速させ、頽廃を招き、本来の読者である子どもへの伝達を遮断してきた〉と断ずるにいたりません」と述べておられます。しかし仮に悪意はなくとも、教科書に採用される教材には、わたしの目からみれば〈大人寄り〉のものがほとんどで、これでは子どもたちに煙たがられて、心を開いて読まれないのでは……と危惧します。おまけに読書コンクールの課題図書も同じ傾向で選ばれてしまうため、本来の読者である子どもを遠ざけて（活字嫌いにして）児童文学の歩みを失速させたり、子ども読者を想定しない作品作り（教科書の編集者や課題図書の審査員目当て）の方向への誘導、このジャンルを底無しの退廃に沈めてしまいました。このあたりの問題について、再度、先生のご見解をお聞かせいただければ幸いです。

児童文学の批評に際して問題になるのは、そもそも作品を創造する側に、〈大人寄り〉〈子ども寄り〉を識別する思想がなく、主観的には全て〈子ども寄り〉と考えている点です。子どもを扱った、やさしい言葉遣いのお話でも書けば、即「児童文学」と認定されてしまう安易な領域なのです。子どもの文学にとって第一義的に重要な、子どもと同じ視点を共有するためには、如何に（大人である）作家が繊細に周到に想像力を駆使するか、意外に手間暇かかる煩雑な作業を必要とします。その着想の妥当性、叙述方法の是非、読み手の子どもの受容度等々、フィールド・ワークもまじえて検証すべき事柄は多々あるのに、そこまで突き詰めるのは稀れです。これでは子どもはもちろん、大人（一般社会）の支持だって得られるはずはないのです。読者の反応に敏感な「マンガ」と違って、「自分は〈童話〉として書いたのだから、〈童話〉として読め」では、社会的受容度は底無しに低下して、「児童文学」のマイナー化を促進するばかりでしょう。

*

もう一点、強調しておきたいことがあります。当今の児童文学批評には、その変遷を踏まえて現在点を測定する、〈歴史の目〉が備わっていないことです。今日、無秩序に散在する作品群を、系譜立てて分類したり、時代ごと（年代ごと）にその変化をたどり、児童文学としての〈質〉を評価して行く——等々、五〇年、一〇〇年のスタンスで鳥瞰する「児童文学史」の重要性を、折にふれて主張してきました。（わたし自身、ライフワークとして、「戦後日本児童文学史」を何らかの形で残すつもりでしたが、すでに人生の残り時間も乏しく、叶わぬ夢に終わりそうです）過去を正確に把握しないで、将来の指針が立つわけはありません。わたしが児童文学と関わった三十五年、その軌跡をふり返っただけでも、〈歴史の目〉を持たなかったばかりに、児童文学の総体は激しい蛇行現象を繰り返し、時には陥没的退行をおかす迷走ぶりで、経験を堆積させて質の充実に向けるべきエネルギーを、無計画に浪費・放散させてしまった、あまりの虚しさ！　ただただやるせなく、天を仰ぐばかりです。

もとより児童文学の流れは、創作主体である作家の自由意思と、最終読者である子どもの自由選択に委ねられるべきで、歴史家が操作できるわけではありません。ただし、過去の経験（作品）のなかから、本質的に重要なものを選び出し、それらを段階的、系統的に組み上げたモザイク模様が〈歴史〉と呼ばれるもので、これを児童文学界のみならず、教育・文化をふくむ社会の各層に共有させる努力を、児童文学の側から働きかけるべきでしょう。そのような共通理解を欠いたら、児童文学自体が孤立・自閉の度を深め、子ども読者すら置き去りにして、各々勝手に〈自分だけが児童文学と思い込んだ作品〉を書き散らす混迷を招くだけ……この閉塞状況、根深く深刻です。

たとえば、わたしが半生を費やすことになった「創作民話」ですが、そもそもの始祖・木下順二によって、一九五〇年代に『夕鶴』などの作品で、「昔話」の現代的再生が図られました。新生日本の息吹を求めて、往時の若者は競って彼の民話劇を上演、「第一次民話ブーム」に火がついたのです。それに続いて、松谷みよ子が六〇年代初頭、『竜の子太郎』で国際アンデルセン賞を受賞、このジャンルに対する社会認識を深めるのに貢献しました。更に、こうした余熱を受けて、六〇年代末には、斉藤隆介の『八郎』『ベロ出しチョンマ』などが登場、空前の「第二次民話ブーム」到来となりました。優しさと自己犠牲をテーマに、「創作性」を強調した独特の語り口に人気が集まり、児童文学の枠をはるかに超えて、教育・文化の分野まで席巻する社会現象を巻き起こしたのです。その推移を冷静に見守っていたわたしは、一九七二年に『地べたっこさま』を発表、創作民話に新たな陰影を加え、より深化させようと考えました。それまで「民衆無辜説」に立っていた創作民話に、「間違いを犯そうが失敗しようが、しぶとく生きる等身大の人間群像」で対抗、新たな地平を拓く覚悟を固めていました。

それまで権力を極悪なものに描き、民衆を正義、もしくは善の象徴としてとらえる図式は、「創作民話」のなかで確立されました。わたしのように疎開者として、ムラ社会の枠外に置かれた経験のあるものは、ちょっと民衆の持ち上げ過ぎだ、と感じていました。ですから、斉藤隆介の後にデビューすることになったわたしは、民衆史の「影の部分」にも目を向けなければ、「人間観」がいびつになるだろうと、危惧しました。民衆相互に裏切りもあれば反目もあり、自分より弱い立場の者には、信じられない冷酷さを示すのも民衆でした。悪い殿さまを百姓がとっちめた、そんな段階に留めていては、「文学」として確立するものも難しい。善なる面も悪徳も、両方併せ持った「まるごとの人間」が織りなす「民話世界」を追求したくて、『地べたっこさま』に始まる民話創作が、わたしの重要な仕事になりました。

『地べたっこさま』が刊行された一九七二年は、大きな歴史的な転換点にあたっていました。この年に沖縄返還、日中国交回復と、戦後を締めくくる政治的決着が果たされ、それを追いかけるように到来した「石油危機」によって、一本調子で駆け上がってきた「高度成長路線」に反省を求められた時期でもありました。各地に「革新知事」が輩出して政治改革への期待が高まり、「敗戦」に次ぐ社会の大変動期を迎えようとしていました。民衆のありよう一つで、世の中の流れが変わりそうな予感を抱かせてくれましたが、こうした状況なればこそ、過去に犯した民衆の過誤・過失から目を背けることなく、自らの責任で堂々と未来をきりひらいてほしい――そうしたギリギリの思いが『地べたっこさま』には結晶していました。これは子ども向けのメッセージに留まらず、社会の総体に向けた児童文学者のアッピールでもありましたので、戦後二度目の「創作民話ブーム」にあやかって、津々浦々まで広まるだろうと、きわめて楽観的な見通しを立てていました。
　ところが「民衆は負の歴史責任を自責せよ」との訴えが、「これは〈民衆憎悪〉の作品だ」との言説にすり替わり、予期せぬ誹謗・中傷にさらされることもありました。太平洋戦争時、「領土が増えた、日本軍は強い！」と民衆は熱狂して、挙げてアノ戦争を支持した事実から目を背け、中国の総理が「日本の軍閥は悪いが、日中両国の人民は被害者だった」と外交辞令の擁護をしてくれたのを幸いに、それみたことかと被害者面されてはたまりません。日本の権力者が、厚顔無恥な責任のなすり合いに終始しようとも、民衆はいさぎよく過失を認め、それを二度と犯さぬ方向へ歩み出したら、「徳義」において権力に勝るのではないか。「創作民話」が描こうとした民衆勝利の図式は、単なる力の行使にあらず、このような「道義の心」による圧倒ではなかったか。社会の底辺を支える民衆が、自らの過誤・過失を認め、それを克服する方向へ歩み出したら、これは抗い難い力となって、歴史の流れもそれに沿うて動く――こうした自尊感情をかきたててもらうのが、わたしが「民衆像」に託した願いであったのです。

　一九八〇年、創作民話は突然、「冬の季節」を迎えました。今までも再三ふれてきましたが、権力政党による「国語教科書」批判によって、「民話作品」は格好の標的にされました。斉藤隆介の『ベロ出しチョンマ』が反権力的と誹謗されるのは、批判する側の論理に立てば分からないわけでもありませんが（もちろん絶対に納得できぬ論理ですが）、岩崎京子の「かさこじぞう」まで「ひどく暗い貧乏物語」ということで排斥されています。雪の日に地蔵さまに笠をかぶせてやる、ほのぼのした人情譚まで否定するのも乱暴な話で、かなり荒っぽい（非論理的な）「攻撃」でしたが、あまりにも理不尽な言いがかりに対して、断固、論破・反撃すべきときに、児童文学者も児童書出版社も「創作民話」を守り抜く気概も失せ、権力に屈して見殺しにしてしまった――というのが、その渦中にいた私の実感でした。要するに「歴史を作るのは、少数の権力者に非ず、民衆こそ、歴史の主人公である」とする「民話」の理念に、口汚くインネンをつけたわけですが、以来、出版社の自主規制により「創作民話」は追放されてしまいました。私見によれば、五〇年代から七〇年代にかけて、「反戦・平和の児童文学」と「創作民話」が両輪となり、戦後児童文学の骨格は形成されたと思うのですが、権力や恐るべし、その基幹部分にナタの一撃を加えたわけで、戦後的価値の一掃を図る「憲法改正」へ国論を誘導する嚆矢となった事件でした。

それでも九〇年代いっぱい、「昔話」の再話の類なら話がありましたが、二〇〇〇年の到来とともに、わたしの周辺から民話の気配は消えて行きました。目下のところ、自作を「語りの脚本」にかえて、「語り」という〈口承芸〉のなかに居場所を見つけようとしています。しかし語り部の老齢化に正比例して、客席も白髪頭の人々によって占められ、はなはだ心許ない現状です。最近、小耳に入った情報によれば、松谷みよ子の名作『おおかみの眉毛』でさえ一般書店では手に入らず、図書館を巡り歩いてようやく現物に対面できたと言います。木下順二に始まり、松谷・斉藤・さねとうと受けつがれてきた「創作民話」の伝統も、かくして前時代の遺物と化しておりますが、長年、国語教育に関わって来られた鈴木先生は、このような惨状について、どう思われるでしょうか?

＊

手術の予後ゆえ、体力の限界が来てしまいました。まだまだ申し述べたいことがありますが、次回に譲ります。〈書簡⑤〉で先生は、『死なずのお六（念仏三昧）』『風婆んば』『おこんじょうるり』の三作を取り上げ、〈老婆〉をキイワードに興味深い分析をしてくださいましたが、わたしは〈狐づくし〉でお応えしようと思います。宮澤賢治の『雪渡り』の狐、新美南吉の『ごんぎつね』、それに拙作『おこんじょうるり』を加え、「三代の狐」について、当方の見解を述べさせてください。また宮澤賢治の『山男の四月』に登場する、人間を六神丸に変える怪しい支那人、新美南吉の処女作とも言われている、日本軍将校と中国人の少年の交流を描いた『張紅倫』、更に戦争末期秋田県の花岡鉱山で起こった中国人捕虜脱走事件と、日露戦争の老英雄との関わりを描く、拙作『ばんざいじっさま』を並べて、「三代の中国（支那）人」を比較しながら、それぞれの時代により、作家の個性により、児童文学における「異類観」や「アジア観」が、いかにダイナミックに変貌したか、その立証を試みたいと考えています。時代と向き合う（時には対決を辞さぬ）姿勢が、常に児童文学の質を決定してきた――その本質に迫る発見もあるのではないか。先生との書簡の交換がますます楽しみになってきました。

さねとう　あきら

二〇〇七年七月二三日

《書簡⑨》さねとう↓鈴木

地球的規模の問題は、人間の側からは照射されず、野生の立場を共有しない限り、見えてこない

鈴木　清隆　先生

秋も急に深まり紅葉の便りも届く今日このごろ、如何お過ごしでございましょうか。おかげさまで、わたくしの体調もようやく回復して参りましたので、今後は遅滞なく当方の見解をお届けできるようになるだろうと思います。改めてよろしくお願い申し上げます。

さて、先生の〈往復書簡⑤〉において展開していただきました拙作の分析、大変興味深く拝読させていただきました。『死なずのお六』は、わたしにとってもたいそう思い出深い作品でありまして、国土社より〈創作民話シリーズ〉を発刊するにあたり、創作民話の春夏秋冬という形でまとめ、最終篇に〈人生〉をテーマにした作品を添える趣向で、編集者・画家とアイデアを持ち寄りながら連作して行きました。何分にも《新釈・楢山節考》といった内容で、幼い子らの理解を得られるか危惧しておりましたが、意外にも幼稚園を介しての頒布では好成績を収め、今更ながら子どもたちの感性の鋭さに敬意を表した次第です。

作品構造を分析されるにあたり、先生は〈死〉への道行きがいつの間にか〈生〉への道行きに転換してしまう不可思議な現象を、〈メビウスの輪〉にたとえておられますが、わたしの作意はまさにそこにあり、けだし名言というべきでしょう。ただし「死を受け入れているのに体が生に向かって逆る心身の分裂の矛盾」と指摘されている部分については、そのニュアンスにおいて多少の疑義を覚えます。たしかに従来より、村の掟（あるいは殿様の命令）に従って、心ならずも老人は山へ赴く——という風に〈姥捨伝承〉は受け止められてきました。わたし自身、そのように思いこんでいましたが、やがて「現実」が新たな「想像」を生む神秘的な経験をすることになります。

かなり以前、国土社で〈創作民話シリーズ〉を刊行するにあたり、編集者と画家を同行、岩手県遠野まで取材に出かけました。その際、遠野の姥捨山はどのあたりに位置するのか、タクシーの運転手さんに案内してもらって、確認しておくことにしました。姥捨山というからには、相当山奥に連れて行かれるだろうと覚悟していたのですが、案に相違して集落のはずれ、人家の白壁がのぞく雑木林が、〈蓮台野〉と「遠野物語」に記された姥捨山だったので、びっくりしました。

（前略）昔は六十を超えたる老人はすべて此蓮台野へ追い遣るの習あり。
老人は徒に死んで了うこともならぬ故に、日中は里へ下り農作して口を糊したり。その為に今も朝に野らに出づるをハカダチと云い、夕方野らより帰ることをハカアガリと云ふと云へり。（柳田国男『遠野物語』・百十一）

実際に現地で検分してみると、こうした習俗に込められた深い意味合いを悟ることができます。わたしたちはつい、深沢七郎が『楢山節考』で描いたような、白骨累々とした暗い谷間を想像しがちですが、そこに足を運んでみると、日当たりの良い開けた場所でした。老人はほんの軽い気持ちでそこにおもむいた（居を移した）のだろうし、「徒に死んで了うこともならぬ故に」、日中は農作業に出かけて口を糊すという、山国ならではのリアリズムも信じられます。遠い山々を見上げていると、幽俗の境界が定かでなくなって、死者と生者が当たり前に共存していることまで、納得してしまいそうな大らかな景色が開けていました。

こうしたイメージに導かれて、絵本『死なずのお六』はできあがったわけですが、そこは従来の死生観を一変させる、穏やかな光に溢れた〈死の世界〉でした。キリスト教文明世界においては、〈死〉は主の御許への垂直な昇天を意味していましたが、少なくとも岩手県遠野地方では、〈死〉と〈生〉は同一平面に共存しており（〈メビウスの輪〉のように）、永遠に〈輪廻転生〉を繰り返すものと考えられてきたようです。ほんのわずか林に足を踏み入れただけで、そこはもう幽界（浄土）であって、死者もまた、自由にその境界を越えて〈現世〉と往来できるとする、野太い実感のこもった〈死生観〉には、何故かホッとさせられるものがありました。わたしとしては、知らず知らずのうちに身についた、西欧的死生観からの脱皮を強く意識して、『死なずのお六』を書いてしまったため、先生がおっしゃるように「死を受け入れているのに体は生に向かって逆る心身の分裂」と、いささか悲壮で対立的なとらえ方には、違和感を感じてしまうのです。

＊

さて、先生は『死なずのお六』と『風婆んば』を系譜づけて、人間から山霊への道行きととらえておられますが、そもそも当の作者は、まったく異系統の作品として発想しているために、まさに虚を衝かれた思いで新鮮でした。たしかに山奥に棲んで幾多の歳月を経たお六婆っさが、烈風とともに留吉のもとを訪れる、と読み解くと、玄妙なリアリティもあり、両者の想念がつながってきます。古来、年を経るということは〈妖怪化〉の必須条件であり、当事者には思いもつかぬ斬新で的確なご指摘、感心しました。ただし、『おこんじょうるり』にふれた部分で、先生が「人間から山霊への道行きという観点で位置づけた時、前二作の中間にある作品と呼ぶことができます」とおさえていらっしゃる点に、少々疑義があります。「盲目のイタコがキツネの力と一体になって生き延びていく物語」と受け止めつつ、「大事な者を失う喪失の構造は、この物語の基盤」とことさら〈喪失〉を強調されるあたりに、作意との明瞭な乖離が認められます。（もっとも公刊された作品は、すでに公共物です。どのような読み取りをしようが完全に自由で、作者のそれに沿う必要がないことは、いうまでもありませんが）わたしとしては、この文章の後段において、『おこんじょうるり』が〈獲得〉の物語であることを主張したいとおもいますが、それはそれとして、次の部分は作品の根幹に関わる〈誤解〉が含まれており、あえて指摘しておきます。

ばさまにとって〈生〉の世界とは、村落共同体の世界です。そこでの役割が徐々に減じていくことは〈生〉の世界から〈死〉の世界に向かっていくことを暗示しています。イタコのばさまは、そのことを自覚しているのです。社会の喪失と言ってよいと思います。（〈往復書簡⑤〉より）

わたしは「反民話の民話」を旗印に、創作民話を書き始めました。「伝承民話を九九％理解した上で、残り一％において一〇〇％否定する思想」です。「祖先との協業を断固拒否、自作の語り手は、あくまでもわたしという個であり続けたい」と宣言もしました。幾多の伝承民話を育んできた〈村落共同体〉に対し、当初からわたしは否定的でした。と申しますのは、わたしの〈疎開体験〉に由来しています。敗戦直前に広島県に縁故疎開をしたわたしども一家は、〈疎開者〉ゆえにほとんど無権利状態のまま、義務ばかり強要された辛い体験があります。薪拾いもアサリ掘りも厳禁なのに、戸別に割り当てられる〈勤労奉仕〉には、容赦なく駆り立てられました。華奢な身体の母親が、屈強な農家の男の人に交じって、土木作業に従事する姿は、この上もなく惨めで悲しかったです。後に被差別部落の人々も、わたしたち疎開者と全く同じ扱いを、先祖代々ずっと受け続けたことを知りました。ですから村落共同体に受け容れられなくとも、人は人としてそれなりに生きており、わたしの作品の多くは、村の内部に居場所を与えられず、枠外に放逐された者たちの目線で、共同体を睨みあげるところに意気地をかけてきました。

そのようなわけで、「ばさまにとって〈生〉の世界とは、村落共同体の世界です」という先生のご指摘は、背後事情を見誤っている部分があるようです。そもそも『おこんじょうるり』の冒頭部分において、イタコの婆さまは村人の支援も受けられぬままに、孤独な寝たきり状態に陥っています。そこから救出してくれたものこそ、野生の小ギツネの不可思議なじょうるりであり、それを縁に結んだ厚い友情のおかげでした。盲目の老婆と山のキツネは、互いを不可欠の存在として認め合い、堅い絆で結ばれた共同生活を始めるわけですが、これにより商売繁盛、婆さまの存在価値はどんどん大きくなって行きます。何しろお城の姫さまの療治まで頼まれ、それをまんまとやり遂げてしまう（小ギツネの助けをかりたとはいえ）のですから、大したものです。先生が「そこ（村落共同体）での役割が徐々に減じていくことは〈生〉の世界から〈死〉の世界に向かっていくことを暗示しています」とおっしゃいますが、この物語の末尾では、殿さまからもらったご褒美のおかげで、〈キツネ長者〉といわれるほどの富者となり、村の人々から一目置かれる存在になっています。ことイタコの婆さまに関しては、〈死〉の影は微塵もなく、末広がりのめでたい結末になっていると思うのですが、この物語のどこをとらえて、〈死の世界〉に向かう不吉な暗示を読みとられたのでしょうか？

＊

「老婆」をキィワードに、『死なずのお六』『風婆んば』『おこんじょうるり』を一つの系列としてとらえる手法は、たいへん意欲的で斬新なものでしたが、三作とも物語構造の中に〈メビウスの輪〉〈心身の矛盾〉〈喪失〉の要素を含むという分析には、首肯しかねる部分があります。現に『おこんじょうるり』に関して、「〈生〉の世界から〈死〉の世界に向かいながらキツネと暮らす過程はメビウスの輪の構造です」とおさえながら、「心身の矛盾の構造はこの物語において見られません。むしろ、キツネと一体化することで生のエネルギーを得ています」と、〈心身の矛盾〉〈喪失〉といった要素を欠落させています。肝心の「〈生〉の世界から〈死〉の世界に向かうメビウスの構造」も、当初、死にかけていたイタコの婆さまが、おこんキツネから生のエネルギーをもらうことにより、物語の末尾に至っても、元気に小ギツネたちにじょうるりを教えているわけですから、それは〈生〉と〈死〉ではなく、〈人間〉と〈野生（動物）〉を結ぶメビウスの輪を成しているのでは、と愚考します。たとえ、村落共同体の枠外に放置されようとも、格別〈死〉に向かうわけではなく、イタコの婆さまは野生（おこん）と一体化することで、生き生きとよみがえりました。そして野生動物と力を合わせて、霊妙不可思議な呪力を発揮、多くの村人ばかりか、お城の姫まで癒していくのです。

先生の作品解釈において、おこんの唐突な死は〈喪失〉としてとらえられていますが、わたしは必ずしもそうは思いません。友の死を認めまいと、婆は必死にじょうるりをうなりつづけ、結果として〈おこんじょうるり〉を継承してしまいます。そしてラストシーンでは、習い覚えたじょうるりを、山の小ギツネたちに伝承させているのですから、「〈おこんじょうるり〉は永遠なり！」の賛歌がわき上がる幕切れになっていいます、しかもこの小ギツネたちは、やがて四方へ散って、それぞれ新たな〈おこんじょうるり〉の物語を展開するという、末広がりの構造になっています。〈喪失〉というより〈増殖〉という表現がふさわしいエンドレス構造を、かつて「物語構造自体が〈輪廻転生〉を表現している」と指摘された小学校の先生がおりましたが、まさに至言でした。『地べたっこさま』に収めた諸作品がそうであるように、『おこんじょうるり』は不滅の生命力の讃歌であります。たとえ、おのが身が滅びるとも、おこんのじょうるりは、イタコの婆を介して小ギツネたちに伝えられ、不滅の生命を宿す——この作品のテーマはこれに尽きます。

＊

そもそも著作物は社会の公共物ですので、第三者の批評なり評価に対して、作者といえどもいちいち異を唱えるべきではなく、従容として〈歴史の審判〉に委ねるべし——を、積年わたしの信条としてきましたが、国語教育に重きをなし、将来にわたって文学作品の評価に、大きな影響力を持続されるに違いない鈴木先生ゆえ、この一点だけはどうしてもご理解いただきたく（反論・批評されるのは自由ですが）、書き残しておくことにいたします。

『おこんじょうるり』の典拠としては、柳田国男の『遠野物語・拾遺』二〇一～二〇二話の「エヅナつきの狐」があげられます。ある時、山道で占い上手な狐を手に入れた男は、その霊力のおかげでさんざ恩恵を受けたくせに、狐の超能力が衰えたと知るや、あっさり川に流してしまうという、人間の身勝手さを象徴したような〈手柄話〉になっています。「反民話の民話」を標榜して創作民話を書き始めたわたしですから、あえて原典のテーマを逆転させ、現行作品のように、狐と人間が対等の立場で共同生活を営む話に、わざと作り替えたのです。自然との一体感を強調する割には、農村社会（村落共同体）には〈狐狸妖怪〉に対する偏見も根強く、『猿聟』のように、せっかく草取りをしてくれた猿を、だまし討ちに合わせて谷底に突き落とすといった、残酷無比な民話も全国各地に伝承されています。わたしはあえてこの手の民話に挑戦、「たとえキツネに聴かれても、納得してくれる物語を書こう」と、『おこんじょうるり』には格別の思いを込めて取り組み、今やわたしの文学の原標になりました。「反民話の民話」の旗印を、初めて高く掲げた作品なのです。

二十一世紀は、人間と自然の共生を真摯に模索しなければならぬ〈エコロジーの世紀〉といわれています。オゾン層の破壊、熱帯雨林の消滅、頻発する異常気象……どれをとっても、人間を含めた地球の破滅につながる、深刻な問題に直面しています。『おこんじょうるり』を書いた当初はさほど意識していなかったのですが、今にして思えば〈エコロジー民話〉の嚆矢が、この作品だったような気がします。人間が自然を屈服させ、意のままに操作する幻想を捨てきれず、文明圏の人間たちは〈自然の摂理〉に即した生き方を、いまだに会得していないのが現状のようですが、かつて伝承民話のなかでも試みることのなかった、大胆な発想の転換、人間と自然の主客転倒を成し遂げようとしたのが『おこんじょうるり』だったと、わたしはそれを強調しておきたいのです。そして地球規模の真実は、決して人間社会の側からは照射されず、自然の領域にある〈野生〉の立場を共有しない限り、見えてこないことを年少の読者に訴えたかった。未来を託す子どもたちにアピールしたかった、というのが作者の真情でした。
わたしの創作民話群は、常に〈共同体〉の枠外にしか置いてもらえない者の目で、自分を追い出した者の正体を見つめてきました。時には〈反社会的〉とそしられ、〈人間（民衆）不信〉と非難される場合もありましたが、その方向性を堅持するのをやめませんでした。と申しますのも、よくよく考えれば、世代ぐるみ社会の枠外に放置され、無権利状態のまま屈従を強いられているのは、〈子ども大衆〉でしょう。せめて彼らに応援歌の一つでも送り、少しでも活性化してもらいたかったからです。それゆえ、わたしの児童文学の方向性は、今もこれからも、微塵の揺るぎもないことを、ご理解いただけたら幸いですが。

さねとう　あきら

二〇〇七年一〇月二七日

《書簡⑩》鈴木↓さねとう

からだとの出会いをこどもたちに保証することが人間形成につながる

さねとう　あきら様

両書簡からさまざまな事柄をご示唆いただきました。《往復書簡⑧》からは二つの問題を、そして《往復書簡⑨》からは一つの問題を取りだし、わたしなりの補足を試みてみます。

まず《往復書簡⑧》から二つの問題を取りだしてみます。その問題とは次の二つです。

（1）「仮に悪意はなくとも、教科書に採用される教材には、わたしの目からみれば〈大人寄り〉のものがほとんどで、これでは子どもたちに煙たがられて、心を開いて読まれないのでは……と危惧」され、「おまけに読書コンクールの課題図書も、同じ傾向で選ばれてしまうため、本来の読者である子どもを遠ざけて（活字ぎらいにして）、児童文学の歩みを失速させたり、子ども読者を想定しない作品作り（教科書の編集者や課題図書の審査員目当て）の方向へ誘導、このジャンルを底無しの退廃に沈めてしまいました。」（P91）

（2）「木下順二に始まり、松谷・斉藤・さねとうと受け継がれて「創作民話」の伝統も、もはや前時代の遺物と化しておりますが、長年国語教育に関わって来られた鈴木先生は、このような惨状についてどう思われるでしょうか？」（P96）

一番目の問題をわたしなりに整理してみます。

（1）の問題は教科書に採用される作品が〈大人のフィルター〉を通したものであるということです。ところが〈大人のフィルター〉は子ども読者を想定しないものであるため、子どもは作品にふれても心を開きません。また、作家も教科書採用や課題図書選定の〈大人のフィルター〉に誘導され、子ども読者を想定しない作品作りの退廃に引き込まれてしまいます。

この命題はいつの時代、どのような社会でもついてまわる問題だと思います。学校が制度として発足し、教科書が設定されると共に避けがたく現われた問題と考えてよいでしょうか。ところで教科書に採用される作品と課題図書をひと括りして問題を論じることは正確さに欠けるかもしれません。しかし、二つの選定行為の結果は学校制度を基盤にして、子どもたちの前に立ち現われるという共通性があります。その意味で、選定行為の結果が子ども読者を想定しない作品作りの退廃に関わっていくとすれば、実におおきな問題です。

いったん制度が発足すると、制度が消えるまでついてまわる問題だとすれば、作品はそのシステムからどのようにして自立できるのでしょうか。単純ですが困難な問題です。なぜなら、今日の状況は作家が教科書に採用されること、また課題図書に選定されることを忌避すればよいと簡単に言えないからです。学校制度が制度疲労をおこすほどに社会にいきわたってしまっているからです。社会そのものが学校化しているともいえます。教科書の採用や課題図書選定の問題は、その影響が売れゆきにも直結するほどに浸透しているとさえいえるかもしれません。

なぜこのような状況が現われているのでしょうか。いくつか思いつくままに理由を上げてみます。まず、情報化の進展にともなって、様々なフィルターが意図的に駆使されるようになったことがあります。メディアによる戦略的な情報操作が、ある範囲で効果を発揮できる社会になったからです。次に、読書行為がないがしろにされる風潮があり、子どもたちの読書離れが進行しているということがあります。そして、社会で作品を批評する行為が意義づけられていないということがあります。批評行為はあってもそれを尊重する社会的な基盤が形成されていないように思います。こうした現象の基盤には養老猛司氏の次のような指摘に隠されていると考えています。

人間が大勢いるから、社会だとは言わない。それを烏合の衆と言う。社会を構成するのは、脳であるが、それはいわば普遍的脳である。それがある種の物差しであることは、子どもでも知っている。普遍的脳も、個人の脳と同じように、個体発生を持っている。それを歴史という。この国はその歴史を消す。「ない」ことにするのである。その消し方が堂に入っているので、しばしば消されたものに気づかない。身体はそうして「消された」のである。その結果が、「個人」「個人」をめぐる、その喪失の問題である。身体がないところに、個の普遍性はない。説明してわかることは、「個」ではない。共通の理解である。（『身体の文学史』新潮文庫P66）

＊

（2）の問題には大きな関心を持っています。日本の民話、日本の創作民話は日本語が残される限り消えることはないはずです。なぜなら、形をかえていくことはあるでしょうが、物語ることを人間はやめることができないからです。現代も民話は新たに作られ続けているはずです。木下順二作品をはじめ、松谷みよ子作品、斉藤竜介作品、そしてさねとう様の『地べたっこさま』などの作品は、最深部で民話創造を支え続けると思います。教科書の採用とはまったく別の次元で、作品はその存在を主張し続けるはずです。『死なずのお六』『風婆んば』『おこんじょうるり』の〈ばあさま〉は時代をこえて人々の心に訴えかけているはずです。

ここで、別な視点から「物語る人間」の問題を考えてみます。

国語教育は現在〈伝える〉というキーワードを柱に編成されています。これからはもっとその傾向が強まると思います。それは時代と社会の要請だといってよいでしょう。目まぐるしく変動する社会、価値が相対化された社会では、お互いを理解するために話し合いが必要です。従来の価値が崩れ、人間関係のトラブルが増えています。私はこのような状況を「創造力がマイナスに働く傾向」の社会と呼んできましたが、ともあれ人と人とのコミュニケーション不足によるトラブルは跡をたちません。教育が〈伝える〉というキーワードを前面に出さざるを得ない状況があることは確かです。

ところで〈伝える〉ことが優先される社会は他人思考の社会でもあります。内省しながら自己内対話を重ね、考えを深めることが後景に退き、〈伝える〉機能が前面にでてきた社会といえるからです。

文学作品はこのような〈伝える〉ことが優先される社会では生きにくいのではないかと思います。読むことで心のなかに何かが引っかかり、内省を経てそれまでの認識を変えていく。そうした読むことを通して考えることがおろそかにされている社会のただ中にわたしたちは生きているのではないでしょうか。このような状況の中で、さねとう様の『おこんじょうるり』の読みをめぐり、作者の作為と読み手の読みの乖離を対話できることは希なことといえましょうか。

2

《往復書簡⑨》でさねとう様は私に大きな課題を与えてくださいました。

その課題とは『おこんじょうるり』は私が述べるような〈喪失〉の物語ではなく、逆に「〈獲得〉の物語であることを主張したいと思います」という課題です。作者からすると私の読みは「作為との明瞭な乖離が認められます」（以上P１０３）とご指摘くださいました。さらに『おこんじょうるり』は「反民話の民話」の象徴となった作品であり、「わたし（さねとう様）の文学の原標」になった作品であることを吐露してくださいました。あわせて作品創造にいたる心的な過程を披瀝くださいました。

これらのことを披瀝いただけただけでも貴重なことです。さねとう作品の読みを深めるに資するばかりか、わたしの今後の作品批評の糧ともなるできごとだからです。

『おこんじょうるり』の作為について、さねとう様は次のように述べておられます。

『地べたっこさま』に収めた諸作品がそうであるように、『おこんじょうるり』は不滅の生命力の讃歌であります。たとえ、おのが身が滅びるとも、おこんのじょうるりは、イタコの婆を介して小ギツネたちに伝えられ、不滅の生命を宿す――この物語のどの部分に、〈生〉の世界から〈死〉の世界に向かう不吉な暗示があるのでしょうか？（P１０６）

私は『死なずのお六』『風婆んば』『おこんじょうるり』の作品を「人間から山霊への道行き」として補助線を引いて論じました。その補助線からは『おこんじょうるり』は前二作（『死なずのお六』『風婆んば』）の中間にある作品と呼ぶことができると述べました。わたしは作品を貫く共通の語り手を〈婆〉に定め、その視点から補助線を引いてみました。

さねとう様は作者として、当然ですが、三作品それぞれに出自が異なり「人間から山霊への道行き」だけで論じられない、そして『おこんじょうるり』作品の「作為との明瞭な乖離が認められ」るのは、私が次のような把握をしているところが根底となっているのではないかとのご指摘をくださいました。

ばさまにとって〈生〉の世界とは、村落共同体の世界です。そこでの役割が徐々に減じていくことは〈生〉の世界から〈死〉の世界に向かっていくことを暗示しています。イタコのばさまは、そのことを自覚しているのです。社会の喪失と言ってよいと思います。〈往復書簡⑤〉

そして、このような私の把握を受け止めつつ、さねとう様は作品創造の思想的な根拠を次のように述べておられます。

わたしの作品の多くは、村の内部に居場所を与えられず、枠外に放逐された者たちの目線で、共同体を睨みあげるところに意気地をかけてきました。（Ｐ１０４）

さねとう様の作品に登場する人物は意志的、行動的に形象されていると感じてきました。その根拠を作者の思いとして述べてくださったわけで、作品研究の道しるべとさせていただきます。

わたしは〈喪失〉をひとつのキーワードとして現在を手づかみしてみたいと悪戦苦闘しております。なぜそのような問題意識をもってしまったのかを少し説明させてください。

＊

長い間（三十五年間）わたしは、多くの子どもたちや保護者と出会ってきました。その過程で憂慮される変化を目前にしてきました。ある時点から憂慮される変化を「創造力がマイナスに働く傾向」と、命題化して説明してきました。子どもたち、保護者がともすると人間関係、自然、モノに対して創るよりも壊す姿勢で望んでいることに気づかせられたのです。個々の現われ方は虐待であるとか苦情であるとか様々です。しかし、その基盤に「創造力がマイナスに働く傾向」を読みとってきました。そして、その傾向にどう望んだらよいのか悩んできました。そしておぼろげですが、対応のきっかけをつかみました。それは子どもたちが自分の身体をしっかり認識できる活動を保障することです。わたしは子どもたちが日々の姿勢や言動の中で、自分の「身体」と出会っていない兆候を確認するようになりました。思考や感情の土台である「身体」と出会うことは、幼児期と児童期になくてはならないことだと思います。身体の感覚こそ個性そのものです。身体との出会いをしっかり保障することが、確固とした個性形成につながるからです。身体の喪失の問題は個性形成が困難な状況につながる大きな課題であると考えられます。養老猛司氏は「身体がないところに、個の普遍性はない。説明してわかることは、「個」ではない。共通の理解である」と述べています。

身体の喪失の問題を別な面から指摘することもできると思います。それはバーチャルリアリティの氾濫によって子どもは直接体験がしにくくなっていることです。

わたしの作品批評はどういう作品をテキストにしても、現在の〈喪失〉感を探るというテーマから逃れることができないのかもしれません。さねとう様からのご示唆を読み、そのことを改めて自覚させられました。と言いましても、さねとう様が御指摘くださいましたように、作品は作者の作為とかけ離れてはありえません。また、読んだことにはなりません。作品批評はまずテキストにそって厳密であることが基盤ですから。厳密な作品批評の前に〈喪失〉という視点から作品を読み込んだことについてもう少し内省させてください。「おこん」婆さんの〈喪失〉感について、わたしは次のように批評してきました。繰り返しになりますが再録しておきます。

＊

ばさまにとって〈生〉の世界とは、村落共同体の世界です。そこでの役割が徐々に減じていくことは〈生〉の世界から〈死〉の世界に向かっていくことを暗示しています。イタコのばさまは、そのことを自覚しているのです。社会の喪失と言ってよいと思います。〈往復書簡⑤〉

さて、わたしがさねとう様の作品に惹かれる一つの理由は意志的な登場人物が形象されている点です。わたしの視点からは作品に「そこでの役割が徐々に減じていくことは〈生〉の世界から〈死〉の世界に向かっていくことを暗示しています。イタコのばさまは、そのことを自覚しているのです」というようなばさまが形象されています。

わたしにとって、民話に登場する人々は意志的というよりは、ただあるがままの存在として形象化されてきたという印象があります。わたしの印象は大雑把なものです。民話を読み込むとそんなことはないのかもしれません。その詳細はわたしにはわかりません。しかし、何のなにがしという名前は固有名詞というより、どこにでもいそうな一人として印象づけられてきました。ところが、さねとう様の作品の登場人物は意志的です。そこがたいへん新鮮です。創作民話は民話と近代の小説の融合から生まれたのではないだろうか。そんなことも考えさせられました。

＊

「〈生〉の世界から〈死〉の世界に向かっていくことを暗示して」いるという点について補足させてください。「〈生〉の世界から〈死〉の世界に向かっていくこと」は、この世に在る者にとって自然過程であり、その過程はどのような解釈も成り立ちます。解釈やイメージはさておいて、自然過程としてまず受け入れざるを得ない事柄です。わたしが述べたかったことは「そこでの役割が徐々に減じていくことは〈生〉の世界から〈死〉の世界に向かっていくことを暗示しています」という、社会の喪失過程をさしています。そしてその過程を自覚的にたどっている意志的なイタコのばさまに強く惹かれました。さねとう様が述べられる「不吉な暗示」としての死ではなく、社会の喪失を経て「盲目のイタコがキツネの力と一体となって生き伸びていく物語です」〈往復書簡⑤〉というのがわたしの読みです。

＊

さねとう様は「たとえ、おのが身が滅びるとも、おこんのじょうるりは、イタコの婆を介して小ギツネたちに伝えられ、不滅の生命を宿す――この物語のどの部分に、〈生〉の世界から〈死〉の世界に向かう不吉な暗示があるのでしょうか？」と、私に問いを返してくださいました。作品が誕生するに至る心的な過程と情動、作品にこめた意味などを解説してくださりながら、わたしの読みが作品に即しておらず、まだ勝手な読みのレベルであることを諭してくださったのだと思います。不明を恥じなければなりません。偏見なく作品と対面させていただきます。『死なずのお六』の延長に作品を読み取ろうとする、わたしの偏見がそうさせたのだろうと思います。

＊

現代は消費社会の様式が生活の隅々にまで浸透しています。その消費社会の特徴については『消費社会の神話と構造』（ジャン・ボードリヤール・今村仁司　塚原史訳）で教わりました。子どもたちが変わっていく様のなかで気がかりな面が社会と関連していると考えるようになったのはジャン・ボードリヤールのおかげです。

ボードリヤールは、消費社会は「気づかいの社会であると同時に抑圧の社会であり、平和な社会であると同時に暴力の社会である」（Ｐ２６６）と述べています。そして豊かな社会のアノミー（無秩序状態）として、「暴力」「非暴力のサブ・カルチャー」「疲労」の３つを特徴的な現象であると分析しています。

「暴力」「非暴力のサブ・カルチャー」「疲労」の特徴は教育現場で子どもたちと接しながら感じてきた憂慮される傾向と重なります。子どもたちにはことばが届きにくく、暴力の芽があちらこちらに偏在しています。そして届くことばは拒否的な装い（ちゃかし、やさしさ、寛容、癒し）に満ちています。やさしさ、寛容、癒しが拒否的な装いであるということは無関心と紙一重だからです。ことばはかけるが行為に裏づけられない位相だからです。そして事情は異なるにしろ子どもたちは月曜日からすでに疲労した表情であらわれます。

モノの機能に感情移入をして愛着をもつ間もなくモノは変化していきます。人と人との時間をかけた思いの交換もまれになってきました。こういう社会のなかでは子どもたちはすさまじいアクロバット的な生き方を強いられます。あらゆる物事に好奇心を抱きながらも余りにも氾濫するモノや情報にそれが追いつきません。努力を続けても追いつかないのです。好奇心や欲求が追いつけないほどのモノと情報が次々と現われるからです。しかも欲求はかき立てられ続ける。欲求を育て、成就させる時間がないとどのような行動にうつらざるを得ないのでしょうか。モノや人に接する時間を切り詰めざるをえなくなります。こういう状況で子どもは何事にも深い思い入れをせず、浅く関係しようという行動様式を強いられると思います。そしてモノや人との深い〈喪失〉感ではなく、漠然と過ぎていく時間、漠然と執着したモノとの別れを体験していきます。子どもたちの現在はこうした社会のまっただ中にあるというのがわたしの状況認識です。時間軸をさかのぼる〈喪失〉感ではなく、空間を漂うような〈喪失〉感とでも呼んだらよいでしょうか。

＊

さねとう様は検定制度の元にある教科書、そして課題図書の影響力を身をもって体験してこられました。作品作りを退廃にまで引き込む程に影響しているというご指摘です。憂慮しなければなりません。それらの影響の大きさは甚大です。わたしはそのことをもう少し別な視点から考えてみたいと思います。

さて、さねとう様が体験のなかで実感してこられたことは一体どのような問題なのでしょうか。言い換えますと「検定制度と課題図書選定」は一体どのような機能（働き）をもち、その根底にはどのような問題が隠されているのでしょうか。体験にふくまれる課題をその人の体験に内閉させず、共有しようとすればこのように問いを立てる以外ありません。柄谷行人氏は『日本近代文学の起源』（講談社文芸文庫）に収録された「児童の発見」という論文で次のように述べています。

近代日本の教育にかんして、その内容がいかに問題にされても、すこしも疑われていないのは、義務教育制度そのものである。何がそこでどのように教えられるかではなく、この学制それ自体が問題なのだが、教育論はすべてこのことの自明性の上に立っている。（Ｐ１８１）

良心的でヒューマニスティックな教育者・児童文学者らは、明治以来の教育内容を批判し、「真の子ども」「真の人間」をめざしているのだが、それらは、近代国家の制度の産物にすぎないのである。ユートピアを構想する者は（そのユートピアでの）独裁者だと、ハンナ・アーレントがいっているが、「真の人間」「真の子ども」を構想する教育者・児童文学者はそのような〝独裁者〟でしかありはしない。しかも、いつもそのことをまったく意識しないのである。（Ｐ１８６）

教育や児童文学をめぐって〈子ども〉ということばは氾濫しています。現にわたし自身、毎日のように〈子ども〉ということばを使ってきましたが、実は〈子ども〉ということばを吟味せずに使用してきました。目の前にいる個々の子どもの総称として〈子ども〉ということばを使ってきたのです。しかしその〈子ども〉は教育制度としての学校を通してつかんだ〈子ども〉です。

柄谷氏の論理をかりれば「近代日本の「義務教育」が、子供を「年齢別」にまとめてしまうことによって、従来の生産関係・諸階級・共同体に具体的に属していた子供を抽象的・均質的なものとして引きぬくことを意味したということである」（P１８２）ということになるでしょうか。

２００８年1月30日

鈴木清隆

《書簡⑪》鈴木→さねとう

戦後30年を経て、戦争は「民話」になった

さねとう　あきら様

《往復書簡⑨》で、さねとう様は「村の内部に居場所を与えられず、枠外に放逐された者たちの目線で、共同体を睨みあげるところに意気地をかけてきました」と再創造の意図を述べられました。それは〈創作民話〉創造の基盤にある思想の表明であると思います。

さねとう様の意気地は、子どもたちがさねとう様の作品と出会うひとつの通路になると思います。なぜなら、わたしの考えによれば現代の子どもたちは身体の喪失感に囲まれているからです。思考や感情や情緒のもとである身体と出会う契機を保障されないまま育っていく状況があるからです。「子どもたちは身体の喪失感に囲まれている」と、述べましたが、その例をあげることができます。薬害汚染、過疎の進む地域などで、新しい装いをともなって人々の前に現われている問題です。大量生産技術と都市化、消費化社会が関連しあいながら創り出している現象です。そうした現代的な問題は個々人の身体の喪失の問題であるとともに、多くの人々にとって〈社会の喪失〉の問題として把握できる問題ではないでしょうか。

さねとう様の作品は社会の喪失過程の輪から抜けて、時代や社会や関係を撃つ「不滅の生命力の讃歌」であるという意図をもたれています。その意図は、現在という時代にあっても生々しい問題意識に貫かれた作品であり、時代を撃つ作品であるといえるのではないかと思います。〈喪失〉感を超えて生命を輝かす世界を想像力によって形象しようとなさってきたからです。社会の「内部に居場所を与えられず、差別され侮辱され枠外に放逐された者たち」の問題として展開してこられたからです。

子どもたちは作品にふれてそういうことを感じるのではないかと考えます。

＊

作品『神がくしの八月』を要約してみます。


『神がくしの八月』の舞台は「福島県の郡山」から「もっと山おくの大岳寺」と設定されています。物語は一九四五年五月からはじまり、一九四五年八月十五日の終戦を経て、三年後の五月「明岳にミイラ死体／親子か、しっかりだきあって……」という新聞記事の紹介をはさみ、三十年後、荒れ寺になった大岳寺の和尚が「極楽参りだや」と一人で沢を登っていくところで終わっています。ただ、物語の話者は新たな課題を暗示しながら「いつか空襲の火で、赤あかと燃えた空が、いまは、ドス黒く、けぶったようにかすんでいました。たくさんの工場がたって、その数知れない煙突から、とめどもなく、黒い煙をふきあげていたのである」と語っています。公害の問題です。

物語のなかでの語り手は「大畑信昭」という村の国民学校6年生で、全校を代表して疎開児童三十九人を歓迎することばを読み上げる子です。この子は大岳寺の若和尚でもあります。

物語は「大畑信昭」の目を通して「川井浩子」という疎開の女の子との交流と体験を語ることですすんでいきます。前半は疎開してきた子どもたちの村落共同体での〈たたかい〉が描かれ、中ごろでは「大畑信昭」と「川井浩子」の心の交流と脱走兵二人との出会いが描かれ、後半は脱走兵に終戦と偽って子どもをとりもどす村の騒動が描かれています。そして、終章では大岳寺の和尚に成長した「大畑信昭」が、荒れ寺に暮らしながら戦争の中での疎開の女の子との交流と体験をかかえて生きる姿が描かれています。その生き方は、「明岳にミイラ死体／親子か、しっかりだきあって……」という新聞記事と深く関わっています。「疎開の女の子（川井浩子）」の戦争下の村落共同体での生の軌跡は、即身成仏のミイラに形をかえ、「大畑信昭」を通して三十年後にも輝きを放っています。

＊

さねとう様は『神がくしの八月』の「あとがき」のなかでご自身の疎開体験を次のように述べておられます。

１９３５年生まれのわたしは、十歳のときに敗戦を迎えました。東京への空襲が激しさをました44年の暮れ、わたしたちの一家は、父方の親戚を頼りに広島県に疎開しました。水汲みやたき木集め、山畑の開墾や農家の手伝いなど、東京育ちの少年がいきなり農村生活に放りこまれて、面食らいもすれば、それなりの苦労もありましたが、国家の非常時という緊迫感が、子どもながら責任感をふるい立たせて、よく困難に耐えたと思います。（P２３０）

この箇所を読みながら、わたしは個人的な体験を思い出していました。それはわたし自身の疎開にまつわる幼少期の体験です。と、申しましてもわたしは一九四七年生まれです。疎開体験といっても既に戦争は終わっています。さねとう様のような直接の疎開体験があるはずもありません。しかし、敢えてわたしの疎開体験と名づけて述べてみたいことがあります。それは疎開して来られた家族との付き合いを通しての体験です。

田舎の生活のなかで転校していくこどもたちがいました。昭和二十年代後半から三十年代にかけてでした。田舎の少年としては一種の畏敬の念とうらやましさを伴ってその友達を見送ったものです。当時はなぜ都市に転校していくのか理由がわかりませんでした。またどのような思いで疎開を体験してこられたのか想像することもできませんでした。後に戦争中に縁故疎開してこられた方々であったと聞かされ、そうなのかと納得したものです。縁故疎開された方々は戦後、それぞれの条件と判断で時期をえらんで東京に帰られたわけです。なかには戦後も長く残って田舎での生活をされた方々もいます。たまたまわたしの家の前に一軒の家を二つに分けて二世帯の家族が暮らしていました。そのうちの一軒のお母さんは親戚の仕事を手伝いながら長男、長女二人の子育てをされていました。お父さんは一緒ではありませんでした。長男は勉強ができ、当時としてはめずらしいことでしたが高校に進みました。田舎の子どもの遊びにも加わらず、よく本を読んでいました。わたしは中学時代に数学の問題を教えてもらいに彼を何度も訪ねました。その家族は長男が高校を卒業されたのを期に、東京へ引っ越していきました。戦後十年以上たってから戻ったのです。わたしの疎開体験は、東京へ転校していく友達との哀切な別れ、そして長く隣付きあいをさせてもらった勉強のできるご長男との交流と別れです。

『神がくしの八月』は戦争下の疎開体験をふまえて作品化されています。作品をめぐって対話をさせていただくにあたって、わたしの疎開体験はさねとう様と逆立する田舎の小学生・中学生としての体験ということを知っていただきたく述べてまいりました。

＊

一読後、物語は様々な対立を重複させながら展開していくということを印象づけられました。別な言い方をさせていただくと『神がくしの八月』は、行動と言論の自由が極度にせばまった戦時下で、人間関係の複雑な〈対立の構造〉を基盤に、登場人物の矛盾した心理が描かれた作品といえるのではないでしょうか。そしてそのなかに女の子の生き方が一筋の光となって流れている。そういう印象をまずもちました。

〈対立の構造〉をあげてみます。

例えば疎開児童と田舎の児童の対立、そして大人とこどもの対立です。脱走兵と兵隊との対立、脱走兵と村人との対立もあります。教師とこどもとの対立も描かれています。こどもと大人の対立もあります。そしてこどもとこどもの対立も描かれています。こうした人間関係の〈対立の構造〉の背景に終戦間近の戦争下と三十年後の世界の対比、また、都市の意識と田舎の意識の対比が描きこまれていると思います。これらの「対立」や「対比」は国と国との戦争という絶対的な対立のなかで進行していきます。

わたしはまず〈対立の構造〉を強調しました。作品はそうした対立を描きながらそのなかでの深い魂の共感を創造しようとしてなされたのではないでしょうか。対立があちらにもこちらにも顕在している状況のなかで、魂の共感は可能か――疎開体験を昇華しつつそのことを願って作品を創造されたのではないでしょうか。対立を貫く光の流れのような少女の生き方がそれです。わたしは脱走兵と少女ともに生き長らえて戦後を生きてほしいと感じながら読ませていただきました。また荒れ寺に暮らしている大岳寺の和尚に成長した「大畑信昭」の心の闇と光を思いました。

＊

「子どもの戦記・戦争の真実――定本のためのあとがき」によりますと『神がくしの八月』は戦後三十年たった一九七五年に創作民話として出版されたということです。そして「発表した当時、身ひとつで空襲の劫火をくぐりぬけ、ようやく生き延びた戦争体験者から、真顔で抗議されたこともありました」（P228）というエピソードを披露されています。さらに「民話の枠の中に戦争をすえれば、いたずらに個人体験にかたよらず、戦争の全体像が客観的に描き出せるのではないか。大人にとっては、つい昨日のことのように記憶されているでしょうが、子どもたちには〈民話〉にしてしまう方が、正直な伝達方法なのではないか。そういう思いが、現代民話全集の中に『神がくしの八月』を加えようとした動機でした」（P229〜230）と、述べています。

さねとう様が〈民話〉の形態をとって戦争を作品化されたということについては様々お伺いしてみたいと思います。

ひとつは戦後三十年の時間を経ることで初めて作品化されたということについてです。作品化に至る三十年という時間の意味についてです。二つ目は戦争という体験を〈民話〉の形態に転換される上での苦労についてです。〈民話〉の形態とは具体的に言えば文体の問題となると思います。語る文体と言えばいいのでしょうか。そのことと体験の生々しさをどのように融合させるのか。作品ではミイラを導入されています。ミイラはある願いをもち、人々の代わりとなって何かを超えていく存在として語り伝えられてきました。作品では少女と故郷を目指す脱走兵がミイラになって「大畑信昭」の心に生き続ける。さらに「大畑信昭」の言動を話者が語ることで、「大畑信昭」の心に生き続けるミイラになった少女を語るという三層の構造をもって作品化されています。読者は読むことで、自分もまた語り伝える存在に連なっていくということになるといえます。

さて、わたしたちは歴史的に経てきた〈戦争〉だけでなく毎日のように現在の〈戦争〉の情報にふれています。〈戦争〉を身近に考えざるを得ない時代です。というより、現代は映像を通して疑似体験を積み、すでに意識は〈戦争〉にふれている時代です。身体感覚を喪失し〈戦争〉の疑似体験をメディア媒介で受け入れている子どもたちの自己回復が気になっております。『神がくしの八月』に描かれた圧迫感、追い詰められた人々の対立、そのなかでの深い魂の交流は現在の問題でもあると思います

2008年2月3日

鈴木清隆

《書簡⑫》さねとう↓鈴木

バーチャルな映像こそ「真」で
手応えのある実像の方を「虚」とする錯覚

鈴木　清隆　先生

児童文学者にもいろいろなタイプがありますが、わたしは児童演劇の現場に長くいた関係で、作品の発想から読後の評価に至るまで、徹底的な「子ども原理主義」を貫いてきました。ですから、子どもと触れあうチャンスを逃さぬようこころがけ、自作を教材にしてくれた授業などは、数多く参観させてもらいましたし、読書文庫で読み聞かせしてくれるとあれば、子どもに混じってお母さんのお話に耳を傾けたものです。もちろん授業の実践報告や、児童の感想文などは宝物のようなデータで、じっくり分析・検討させてもらいました。「コトバ遊びの達人」鈴木先生なら、子どもとわたり合ったり、掛け合ったりするのは、日常茶飯事だっただろうと、うらやましくなりますが、作家がナマの子に出会えるのは、千載一遇のチャンスです。わたしの作品に賞賛をおくってくれるのは、もちろん嬉しいことですが、担任の先生に感想を求められて、恥ずかしそうに「〇〇（登場人物）が好きです」とつぶやくように答えたり、身体を丸くして「……わかりません」とかすれた声をふりしぼる子に遭遇すると、そうさせてしまったことまで自作のせいに思えて、「よーし、もっと大きな声でハキハキ発言出来るような作品を書いてやるぞ」と、文筆者の本能に火がつきます。考えてみれば、あの子らこそ「わたしの文学の師表」でした。作品を書きながら、一行一行、一字一字に、冴えない反応を示したあの子らを思い浮かべ、今度こそこっちを向かせてやる……と、エネルギーを絞り出しました。そういう交流の中で育てられた作家なのです。

とは申せ、わたしも児童劇の現場を離れて久しく、子どもとの交流の回路も日に日に細くなるのを実感します。子どもを身近に感じなくなると、かつて作り上げた「子ども」の鋳型に、安易にはめ込もうとする自分の老いに気付いて、切磋琢磨せねばならぬと自戒させられます。まだまだ子どもの身近におられる先生のレポートを拝読すると、のっ引きならぬ子どもたちの窮状を突き付けられて、心が萎えそうになることもございます。子どもの成長に欠かせない天与の生命力（遊ぶ、好奇心を抱く、仲間を作る、といった要素）まで、スマホやゲームのようなものに絡め取られて、消費の対象、利潤追求の手段に転化されてしまってから、もう久しい歳月が経ちます。子どもに純真無垢な時を満喫させてくれない、現代社会（われわれの文明）の持つおぞましさに、やはり暗然とさせられます。いやしくも子どもと関わるからには、児童文学の総体も、こうした公状況から目をそらさず、腰を据えて対峙すべきだと、警鐘を鳴らし続けたつもりなのですが、力足らず、「戦争」のキナ臭さまで漂う好ましくない状況を招き寄せた責任を痛感しております。

一九七〇年代の末から八〇年代にかけて、わたしは関西方面で、父兄対象の啓蒙講座の講師を引き受け、「遊びと労働の復権」について、都会から農漁村にわたる広い地域を、お話して回りました。そのころは、今日ほどゲームやインターネットも普及しておらず、せいぜい塾通いやテレビの見過ぎが問題にされたくらいの、今にして思えば牧歌的な時代でしたが、それでもガキ大将を中心とする「遊び集団」が崩壊して、かつて自在に駆け回った野山や自然の中から、子ども集団が大挙してテレビやゲーム機の前に

「移住」してきた時期でもありました。バーチャルな映像こそ「真」であって、手触りのある実体の方が「偽」になってしまう、倒錯した認識が芽生え始めたのもこの時期で、昔から子どもの仕事だった「水汲み」「薪拾い」「子守」などが、ガスや水道といった「文明の利器」に置きかえられ、それなりに地域社会に貢献できた「子どもの仕事場」が消滅して行きました。このころになると（八〇年代初め）、交通手段の乏しい山村に限って、子どもも乗用車に乗ってばかりで歩かなくなり、また、目の前の田んぼと毎日食べているご飯との関係が結びつかなくなった（お米は粒々のまま存在すると思い込む）、と大人を嘆かせていました。

子どもたちが遊びや労働で「汗かく肉体」を取り戻さない限り、われわれにつながる彼らの未来は、恐ろしい荒廃に見舞われるだろう、と力説したのですが、先生の〈書簡⑩〉を拝見いたしますと、ついにその荒廃も「身体」の段階に達したかと。天を仰ぎたくなります。電気が送り出す「映像」に包囲されると、「想像力が（ショートして？）マイナスの方向」に働くのですね。目にも見えず、手で触れることもない電波がもたらす超現代的な難題に、思わずたじろいでしまいます。長期間、子どもたちとのナマの交流を大切にされてきた先生としては、絶対に等閑視できぬ深刻な事態であろうと同情してしまいます。

……おぼろげですが、対応のきっかけをつかみました。それは子どもたちが自分の身体をしっかり認識できる活動を保障することです。わたしは子どもたちが日々の姿勢や言動の中で、自分の「身体」と出会っていない兆候を確認するようになりました。思考や感情の土台である「身体」と出会うことは、幼児期と児童期になくてはならないことだと思います。身体の感覚こそ個性そのものです。

身体との出会いをしっかり保障することが、確固とした個性形成につながるからです。身体の喪失の問題は個性形成が困難な状況につながる大きな課題であると考えられます。（鈴木書簡⑩・P116）

四半世紀以前に警告した、「汗かかぬ肉体」の不幸は、二十一世紀を迎えた現在、「汗をかくべき身体」まで喪失しかけているのですね。これは由々しき問題です。遊びにも労働にも関わらず、「汗をかき忘れた人間」として育った子らが、やがてどんな未来に行き着くのか、考えるだけで怖くなります。わたしが講演して回ったころの子どもは「団塊の世代」の子で、今の子らの親になっています。その成長過程において、「思考や感情の土台である〈身体〉と出会う」ことなく育ったら、彼らが人の子の親となったとき、我が子に自分の「身体」を認識させるなんて、出来っこありませんよね。前の世代が身体を喪失した結果、さまざまな形で負わされた弊害・損傷は、その次の世代に至っていっそう増幅され、もはや「人間」の領域を超えて、種としての「ホモサピエンス」の段階に至るかも知れません。乱れ飛ぶ「電波」に身を任せた結果、自らを破滅に追いやる異常行動に走るなんて、もはや「人間業」とは思えません。若年層に巣くった「自殺願望」の強さもさることながら、自殺しきれないから他者を複数殺害して、「死刑」を望む若者まで出現する世の中になりました。「自らを生かしめる生命力」すら「死（破滅）への情熱」に転化させており、先生のおっしゃる「想像力がマイナスに働く傾向」は、「種の保存」の危機につながっています。

先生は「長い間（三十五年間）多くの子どもたちや保護者に出会ってきた」なかで、「想像力がマイナスに働く傾向」に気づかれたとおっしゃっていますが、この「保護者」こそ、わたしが二十五年前に「遊びと労働」を呼びかけたあの子らだったと思うと、あれから三〇年余もかけて、社会的（国家的）に推進されてきた抗いがたい大きな力によって、このような歪みを生じさせた責任はどうなるのか、釈然としない気持ちに襲われます。昨今、包丁やナイフをふりかざして、やみくもに殺人に走る若者たちが目立つようになりましたが、社会正義の名のもとに、彼らを安易に非難する気にはなれません。むしろ自分の犯行動機さえ明らかにできない、周囲からは普通の子と見られていた「凶悪犯人」に対して、同情してしまう場合さえあります。若者ばかりに限りません。親が凶器をふるって、家族の皆殺し（たとえ一家心中であろうと）を図るケースもあり、たとえ親子であっても、殺すか・殺されるかの緊張関係を強いられるなんて、とても健全な社会とはいいがたいでしょう。このような地獄絵図を現出させてしまった要因は、先生の言を借りれば、「思考や感情の土台である〈身体〉と出会う（べき）幼児期・児童期」を取り上げてしまった社会体制にあり、とくに子どもたちの運命と深く関わってきた教育や児童文学の責任は、重大だったと言わざるを得ません。

わたしが「遊び」や「労働」の効用について説いて回っていたころ、聴衆の父兄と懇談するチャンスもありました。風光明媚な山深い小さな町を訪れた時です。「こんなに自然に恵まれたいい場所はないのだから、じゃんじゃん子どもを野山で遊ばせたら」とわたしが主張したら、川で水難事故があったのを理由に、学校が川での遊泳を全面禁止した事情を説明して、わたしの意見に消極的な父兄もいました。自然は学校の専有物じゃないのだから、立ち入り禁止されるいわれはなかろう。親の責任で野山に放してやったら――と、なおも食い下がったら、「学校に密告されたり、友達からいじめられたら大変だから……」と、真顔で反論されました。

七〇年代には、すでに教職にあった先生なら、よくご存知と思いますが、猖獗を極めた校内暴力を沈静化するため、警察などと連携して、強い措置を執る学校も増えてきました。すると学校現場が、にわかに風通しの悪い息苦しいものになり、かなり些末的なことまで「校則」で縛ろうとする、過剰な管理・介入が強まりました。こんなことをすれば、子ども社会をバラバラにして、彼らの自治能力を奪う方向にしか働かないのは、分かっていました。それでも強行したあげく、極めて陰湿な形で生まれてきたのが「いじめの問題」でした。いじめられっ子は無論のこと、いじめた子どもの心まで蝕む「社会の宿痾」として、解決のメドも立たぬ深刻な社会問題であり続けています。

児童文学者として考えてみますと、こうした問題の根幹には、やはり子どもの自然（鈴木先生の表現によれば〈身体〉ということになりましょうか）に反した束縛があります。いじめられっ子もいじめっ子も、均しく心に傷を負うはずですが、家庭環境によって大人の言いつけに従順に育った「良い子」は、多少の苦痛をこらえても受け容れようとするのですが、自分の自然（身体）に反している違和感は残ります。一方、自分の身体に忠実な育ち方をした子らは、無原則な規制や束縛を好まず、自分なりの判断をしてしまいます。そのわずかな齟齬が、良い子らは許し難い「掟破り」に映り、まだ自分の「身体」を残している子らに対し、一斉攻撃を加えます。それは自分に課せられた「不自然」をこらえにこらえているのに、相手は同一歩調をとらぬというエゴイスチックな憤懣に裏付けられ、いじめられっ子の「身体」を剥ぎ取るばかりか、人格までも粉砕する、憎しみに充ちた暴行と化すのです。

子どもは本来、束縛を好みません。天成の自然児「トム・ソーヤー」のように、サボったり、はぐらかしたり、だましたり、ありとあらゆる手練手管を駆使して、束縛を免れようとするのが、真の子どもらしさでしょう。ところが日本では（最近二～三〇年、特に顕著ですが）、束縛を加える者にはいささかも抵抗せず、その代わり、自分と同一歩調をとらぬ者に対しては、残忍な攻撃を加えて鬱憤ばらしをします。鈴木先生は「想像力がマイナスに働く傾向」を憂えておられますが、情念もまたマイナス方向へ暴走して、際限もなく弱い者いじめを繰り返すのです。正当な理由もない「異端者狩り」によって、子ども集団から生気を奪い、それを破綻させる方向に働いている、としか言いようがありません。

＊

さて、鈴木先生が〈書簡⑩〉のなかで、わたしに問いかけておられる「検定制度や課題図書のどこに問題があるのか」、それにお答えしなければなりませんが、これは児童文学の側というよりも、教育の側の問題（更に突き詰めて言えば、社会全般の教育観、児童観に関わって来る問題）なので、「文学」の側からどれだけ解明できるか、甚だおぼつかない部分もございます。しかし、この往復書簡の趣旨を生かして、正直にわたしのホンネを吐露して、忌憚のない先生のご批判を仰ごうと考えております。

先生は〈書簡⑩〉の末尾の部分でこう述べられています。

教育や児童文学をめぐって〈子ども〉ということばは氾濫しています。現にわたし自身、毎日のように〈子ども〉ということばを使ってきましたが、実は〈子ども〉ということばを吟味せずに使用してきました。目の前にいる個々の子どもの総称として〈子ども〉ということばを使ってきたのです。しかしその〈子ども〉は教育制度としての学校を通してつかんだ〈子ども〉です。

柄谷氏の論理をかりれば「近代日本の「義務教育」が、子供を「年齢別」にまとめてしまうことによって、従来の生産関係・諸階級・共同体に具体的に属していた子供を抽象的・均質的なものとして引きぬくことを意味したということである」ということになるでしょうか。（鈴木書簡⑩・P121）

実はこうした「社会的偏見」こそ、児童文学者としてのわたしが遭遇した、最大の難問でした。わたしたちは「物語」を書き上げるたびに、「これは○年生向きか」と編集者に問われ、作品のグレードを定めなければなりません。わたしは「○年生なんて言えない、全学年向き……いや、全人類向けだ」と、作家になりたてのころは、そんな大風呂敷を広げて、編集者を困らせたものですが、はかない抵抗も空しく、出版された本のオビには、「○年生向け」とちゃんと記されていました。たぶん学校図書室への売り込みの際に、こうした分類が役立つのかもしれませんが、作者としては「そんなレッテル、信用するな！　自分でちゃんと読んで考えろ」と、悪態の一つも吐きたくなります。

こうした弊害の最たるものが「課題図書」だと思います。小学校一年生から高校生まで、各学年別に「優秀な出版物」が選考されるとか聞きますが、それこそナンセンスの極みでしょう！　小学校一年生にとってすばらしい本は、どうして六年生向きではないのでしょうか？　かりに高校生が読んでも、それなりの手応えがあるのが優れた本であって、一年生しか読めない、四年生なら読めるといった、文学を冒涜するような判定をだれがやっているのでしょう。このように抽象的分別を平然とできる人たちが、批判精神と冒険心にあふれた作品など優良図書と認めるはずもなく、保守的で穏健な本しか許さないことは、その選考システムを見ただけでわかります。

子どもを年齢別に振り分けて行く手法自体、義務教育制度に発する「管理主義」が生んだものでしょうが、その対極にあるのが、農家の炉端で語られた「民話の世界」だったような気がします。お祖父さん・お祖母さんが語る昔話の場には、二～三才の幼児から十五～六の少年少女まで、多様な子どもたちが詰めかけてくるところに、大切な意義があります。生産や労働の現場から生まれた民話は、日常を越えた大らかな空想世界へ子どもたちを誘って、幼児は幼児なりに、年長の子らは年相応の分別で、心ゆくまで昔話を楽しみ面白がって、「解放のひととき一刻」を過ごすのです。それらは心のひだに蓄えられ、やがて成人したときに生き抜く支えにもなり、糧にもなることでしょう。この際、特に強調しておきたいことは、民話は、近代以降の「勧善懲悪」の味付けをした「お伽話絵本」の類とは異なり、古くから伝わってきた話を、淡々と語って聞かすだけ――テーマは、それぞれ聞き手によって、選び取られるべきと考えられてきました。もちろん。見え透いた「教訓」なんか含んでいません。これが本来の形だったのでしょう。

このような民話のあり方を継承して、創作民話に取り組んだのですから、社会の枠組みなんか気にしないで、常識破りの破天荒なものをと心がけました。お気づきになっていたかも知れませんが、民話はすでに大人を卒業した祖父母の世代から、これから大人になる孫の世代に語り聞かすものです。つまり両親抜きで語られるところに、大きな特色があるのですが、それは大人の社会というものを外側からまるごと観察させ、長所もあれば欠点もある、等身大の人間を伝えるところに真骨頂がありました。人間性の闇の部分まで語るのを辞さず、彼らも加わるはずの人間社会（村落共同体）の裏表まで教える、この上もない「人生教本」になったはずです。わたしの作品も、こうした伝統を意識的に受けついで、大人たちが語りたがらぬ部分をどんどん衝いて行こうと考えました。民話固有の武器を現代に生かしさえすれば、おそらく最も近代的で、最も優れた児童文学の誕生につながるだろう。そういう可能性に賭けていました。

ところが、ちょっと計算違いの愚かな失敗だったと、すぐに気づきました。大人が秘密にしたがることを、民話の形でこっそり子どもに届けてやろうと企んだのですが、世間はそう甘くなかったのです。自作を子どもに伝達する手段（本を買うとか、作品紹介するとか）を、全て大人に握られていたことを、忘れていたのです。そこで「大人」に聞かれたくないことを漏らしたら……これはもう致命傷でした。極く少数の例外はありましたが、わたしの作品群は（大人の文芸評論家による）「批評」の対象にさえならず、もちろん（教育者や読書運動を推進する大人たちから）良書として推薦されたり紹介されるチャンスも限られてしまったのです。こんなことはデビュー前から覚悟していたので、さほど不当な扱いとも思いませんでしたが、マンガ本のように子どもたち口コミによって、じわじわ広がって行くだろうと、その線をアテにしていました。でも、やっぱり誤算でしたね。この国では、マスコミがそっぽを向くと、ないことになってしまうのです。先生の書簡に引用されている、養老孟司氏の言にもあるように「この国はその歴史を消す。〈ない〉ことにするのである。その消し方が堂に入っているので、しばしば消されたものに気づかない」方法で、わたしのささやかな歴史（創作活動）も、あえなく消去されたと認めざるを得ません。

しかしながら、「ないことにする」と言われても、「ハイ、そうですか」と引き下がるわけにはいきません。とかく狭い空間に閉じこもって、広い視野にも未来展望にも欠けがちな今日、幾世代にもわたって積み上げた民話の知恵が、今こそ生きる時です。現実がどんなに厳しかろうとも、一歩離れてこの世界をまるごと見渡す心の余裕を与え、一気に異界に連れ去るパワフルな想像力が、荒唐無稽の世界に遊ぶのを助けてくれます。民話はまるで百科全書のように、愛も死も、輝く希望も醜い欲望も、高貴な献身もあれば、恥ずべき背信もあり、この世の森羅万象がことごとく盛り込まれています。ここで子どもたちは、時間的にも空間的にも、自在な旅を体験して、将来に備えるのです。そういう「幼い人たちの人生入門」の役割を、過去でもそうであったように、これからも幾久しく果たし続けるでしょう。そして「民衆史」不変の根本原則——歴史を築くのは、王や軍人・政治家ではなく、目立たずとも真摯な営みを欠かさない、名もなき庶民（民衆）なのだ。こういう力強いメッセージを、子どもの心に定着させていきたい。たとえ活字媒体から追放されようと、語り・口演の形を借りてでも、創作民話を消滅させてはならじと、痛切に願っている所以であります。

二〇〇八年四月二一日

さねとう　あきら

《書簡⑬》鈴木↓さねとう

疎開した少年少女に降り注ぐ、「ヨブ記」さながらの試練

さねとう　あきら様

対話を続ける機会を与えていただいたことで、これまで気づくことのできなかった視点を得ることができました。一言でいえば、「ことばを通して考える力の衰え」という課題を「状況とからめて再検討する必要に気づいた」のです。

これまで、教育の現場体験を通して「ことばを通して考える力の衰え」が社会全般に顕著になりつつあると認識してきました。その課題を『国語教育における〈意味生成〉論序説』（注1）で展開してきました。しかし、『国語教育における〈意味生成〉論序説』は〈意味生成〉を個人の側からことばと論理を主体化する過程として書き続けてきたのだということに気づかせられました。そして〈意味生成〉の問題は社会の側から日々生成される情報を通して社会的に形成されていることを視点にして検討することが必要だと気づいたのです。また、「主体」は社会と時代のなかで形づくられるものであるということを再認識しました。

この視点に気づかされたことは、わたしにとってありがたいことです。課題についてこれまでは個人の視点だけで「考える力の衰え」の課題を突き詰める努力をしてきました。わたしなりの結論は、「考える力の衰え」の基盤に子どもたちの体の喪失（正確には体感覚の喪失、または変質）感覚があるということです。しかし、社会や時代をくりこんだ関係の視点から検討することで、この課題をこれまでより一歩踏み込んで掴まえることができるかもしれません。

＊

「社会と時代」の視点からと述べました。それは「村落共同体」「消費」「金融」「メディア」「戦争」「差別」「環境破壊」など、現代の様々な課題を通して〈意味生成〉の問題を検討する必要に迫られたということにもなります。ところで、「消費」「金融」「メディア」「環境破壊」の問題をのぞいた他の問題（「村落共同体」「戦争」「差別」）は、今日的と言うより古くから続く課題だと疑問に思う方がいるかもしれません。しかしわたしはそうは思いません。

たとえばアジアに視野をひろげるだけでも、これらの課題は多くの地域で現実に生々しく生起しているのではないでしょうか。また、「村落共同体」「戦争」「差別」の課題は今日の日本にも形を変えながら残されています。「村落共同体」がもつ親和的であるが閉塞的な関係意識は、企業内にも公の機関にも残存していると言えます。公共工事の落札をめぐっての〈談合〉という現象があります。金銭的な利害がからんでいますが、「村落共同体」の意識を引きずっていると考えることができると思います。

「戦争」についてはどうでしょう。直接の紛争をしていないから日本の戦後は平和であると言えるのでしょうか。考え方によってはそう言えないと思います。たとえば戦争を構成する要素は様々定義づけることが必要でしょうが、「破壊」という要素は欠かすことのできない根本的なものではないでしょうか。その「破壊」という一要素からでも現代社会に多くの「戦争」と対応させることができる出来事を見いださざるを得ません。「薬害汚染」「水銀汚染」「温暖化」などに象徴される自然破壊の進行です。これらは近代科学技術の進展とあいまって国の政策の一環として進行し、多くの被害者の方々が心身の苦痛を身に受けさせられている事態があります。

「戦争」による被害が即刻の生命の抹殺に象徴されることに対して、現在の「薬害汚染」「水銀汚染」「温暖化」は緩慢な生命圧迫の過程をたどる点で「戦争」とは違うというご比判もあると思います。わたしたち自身がその推進を評価し、享受している面（平均寿命の伸び等）を見逃すことができないという視点からです。

緩慢な進行であること、わたしたちが何らか推進に関わっているということ、この二点をどう考えたらよいのでしょうか。「戦争」との関わりは薄いという印象を持つ人が多いかもしれません。しかし国を構成する多くの人によって担われる出来事であることにおいて「戦争」と対応できる課題ではないでしょうか。

差別についてはどうでしょうか。教育の場にかぎってみても、さねとう様が指摘されたように、「いじめの問題」として地下茎のように根を張りながら、人の集まるどこの場所にも顕在化しています。

＊

『神がくしの八月』作品を通し〈いじめ〉と〈戦争〉について考えてみます。順序としてはまず『神がくしの八月』を読み、壊し尽くすことをその本質とする戦争について考え、次にミイラになったことを暗示させる「川井浩子」という名前をもつ〈女の子の神聖さ〉について考えてみます。この二つは表裏の関係といえるかもしれません。たとえば「破壊のただ中、いじめのただ中での自己創造はどのようにして可能であるか」と命題化することで関連付けられるからです。

「壊し尽くすことを本質とする戦争の過酷さ」に触れてみます。

『神がくしの八月』は戦争をこどもの目から描いています。こどもの目から描くことで「壊し尽くすことを本質とする戦争の過酷さ」を浮き上がらせた作品と言えるように思います。「こどもの目」と述べましたが、作品においては具体的にどのような目なのでしょうか。作品では村の国民学校六年生の「大畑信昭」という少年が形象されています。その「大畑信昭」という少年の目を通して「戦争の過酷さ」を浮き上がらせるという筋立てになっています。ところで、この少年は村の大岳寺という寺の子どもとして特徴づけられています。また、一九四五年五月に宿坊に疎開してくる東京の国民学校生徒を迎え入れる村の国民学校の代表としての役割もあたえられています。寺の子どもであり、村の国民学校の代表であるということから「大畑信昭」という少年には〈村のこどもたちと疎開してきたこどもたちの両方を見守り、融和しようと努力する〉ことが期待されていることです。このことから「大畑信昭」という少年には「見守り、融和しようとする目」がフィルターとして働くようになります。しかし、物語が進むにつれ、「大畑信昭」少年の目は疎開のこどもたち全体から「川井浩子」という〈女の子〉に注がれていくようになります。ただ興味にまかせているだけではありません。

「戦争」という状況のなかに投げだされた者同士としての理解を深めていきます。理解を深め合う関係として互いを意識するわけです。たとえば信昭少年は2月に兄を戦死で失っています。女の子は空襲で三月に母親と弟を失っています。互いがかかえた戦争による断絶を語り合うことで心が通じあうようになっていきます。そうした理解をとおして、信昭少年の目は「村の子と戦っている」女の子の姿を〈ただひとり命がけの戦争をしていた〉と感受できるようになります。

さて、物語はそれから大きく転換していきます。信昭少年は八月十二日、軍の立入り禁止区域の前で女の子と出会います。それから、ふたりの脱走兵とかかわるようになります。最終的には一人の脱走兵と女の子が人々から見放され、戦争が終わっても放置されたままとなってしまいます。行方知れずとなっていくのです。

信昭少年の目が女の子の目と重なっていく過程を読者もたどっていきます。そして、女の子と脱走兵が同じように追い詰められた状況に生きていることを納得させられます。信昭少年の目は女の子の目と重なって脱走兵の心情をたどり、またお寺の子の目にもどって脱走兵と村人との対立をたどり、女の子の目そのものになって戦争の過酷さを浮きたたせていったりします。

そして、八月十五日に戦争が終わります。戦後、信昭少年の目は二つに引き裂かれたようにして生き続けることを強いられます。一つは戦後を生きる信昭少年の目です。もうひとつは、行方不明になったままの女の子の目です。子どもの目といっても、その目は、いわゆる子どもの純真さという目ではありません。純真ではあるが、様々な対立もはっきりと写し取り、後に述べさせていただく神聖さもあわせもった複雑な目です。

＊

疎開の様子を描くのに信昭少年の目を形象されたことは大変よく考えられた設定だと思います。村落共同体のなかで、お寺の子どもの目を設定したことは、都会のこどもと村のこどもの双方を描くのに適しているのです。というのは、お寺は村のなかでは特別な領域に属しているからです。村にあって村そのものではないといってよいでしょうか。お寺の子は村の子と一緒に暮らしていますが、その精神世界は都市的と言ってよいものです。疎開の状況を俯瞰しようとすれば、お寺の子の目は両者を描くのに適度な距離を保っている公平な立場にあると言えます。片方だけに偏らなくてすむ、両者が見える立場といってもよいと思います。宗教的なものの根源には、社会の対立を融和する対立を超えさせるという意思がこめられている。――信昭少年の目にはそれが象徴されているのではないでしょうか。

別な視点からも述べることができます。生産形態でいえば、第一次産業を生業としている大多数の村人と対比させてみると、お寺は第三次産業を生業としています。そして第三次産業のなかでも、彼岸と此岸を結ぶ特別な役割を担っています。

＊

作品のなかで、大畑信昭少年の目は様々な対立や見方を写しとっていきます。まるでひとつの球体が周囲の様子を写しとるようにしてです。そのなかで少年は憤り、悲しみ、不安、恐れをかかえながら、よく自分の判断を失わずに耐えています。「大畑信昭」少年も女の子と同じように〈ただひとり命がけの戦争をしていた〉と言うべきであると思います。

「大畑信昭」少年についてもう一つ触れておきたいことがあります。それは、どの立場をも理解できるということから招来する困難さについてです。どの立場をも理解できるということは、逆に、どの立場とも十分に重なることができないもどかしさを抱えているということでもあります。「大畑信昭」少年は独自の孤独をかかえざるを得ないと言いたいのです。お寺の少年の独自な孤独、それがよく形象化されている場面があります。洞くつ（あなぐら）のなかで脱走兵と親しそうに空襲の様子を話している女の子の姿を見た少年が「自分だけひとり、とり残されてしまった」と、呟く場面です。しかし、少年がこの心境

になったということは、逆に女の子の独自な孤独を理解する心境を手に入れたということも暗示していま
す。互いに孤立しながらそのままを受け入れ始めているからです。

＊

次に「川井浩子」という名前をもつ女の子の〈神聖さ〉について述べてみたいと思います。〈神聖さ〉とは辞書を借りると「むやみに近づいたり、汚したりすることが禁止され、別格の扱いを受ける様子」を指します。そうした意味でも女の子の姿、ことばは「むやみに近づいたり、汚したりすることが禁止され、別格の扱いを受ける様子」として描かれていると思います。信昭少年の目を通した女の子の姿、行為、ことばは〈神聖さ〉と呼んでよいものとして描かれていると思います。

しかし多くは奇妙なこと、怪異なこととして残っています。〈神聖な行い〉が語り伝えられることは少ないように思われます。

この作品に描かれた女の子の〈神聖さ〉はどこからやってくるのでしょうか。おそらく、女の子が徹底して奪われる者として条件づけられていることに由来します。しかも奪われる者でありながら、状況のなかで、自分のことばと振舞いを失うことなく生き抜こうとして苦しむからです。奪われる者でありながら神聖さを帯びる生き方、それを徹底して書き記した物語に『ヨブ記』があります。『ヨブ記』の記述と対応させながら「川井浩子」という女の子の状況を考えてみたいと思います。

その人は全くかつ直く、神を畏れ、悪を遠ざけた。彼に七人の息子と三人の息女が生まれた。その財産は羊七千頭、駱駝三千頭、牛五百頭、雌驢馬五百頭、僕婢の数はおびただしく、その人は東の子

らの中、最も大いなる者であった。（『ヨブ記』関根正雄訳）

ヨブは財産を蓄え、家族にめぐまれ、商いの力もあり、神に敬虔な、高い評価をうけている者の典型として物語られています。そのヨブが試練をうける場面があります。『ヨブ記』の序曲にヨブの第1の試練と第2の試練として編纂されている箇所です。第1の試練では、そのヨブが牛、驢馬を奪われ、羊と若者を焼き滅ぼされ、駱駝を奪われ、息子、息女を大嵐で死なせてしまいます。第2の試練は、「ヨブの足の裏から頭の天辺まで悪い腫物で彼を打った。そこでヨブは陶器のかけらをとって体をかきむしり、灰の上に座っていた」と、いうものです。

第1の試練は、それまでにヨブが努力して得た財産、築き上げた人間関係、支えあってきた家族など、この世で得られたものの全てを奪われるということです。第2の試練は、ありとあらゆる所有を奪われ、身一つになったヨブから、さらにその身一つをもままならないように奪うというものです。

「川井浩子」という名前をもつ女の子の場合はどうでしょうか。女の子の都市での生活は父親が新聞記者ということ以外に書かれていません。新聞記者という職業が「全くかつ直く、神を畏れ、悪を遠ざけた」ものであるかどうか措くとして、社会的な公平や正義を象徴した仕事であり、それらを期待された仕事であることは的をはずれていないと思います。

さて、女の子の第1の試練は、そこでの生活を奪われ、まったく初めての生活（集団での疎開生活）に変えさせられたことです。また、疎開前の三月に、本郷、不忍の池近くで大空襲をうけ、母と弟二人を失っています。可愛がっていたインコはその前の二月に餌をあげることができず、飢え死に（同前書P

43）させています。この世で得られたものの全てを奪われるということが、女の子にも降りかかっていることがわかります。
女の子の第2の試練とはどのようなものでしょうか。わたしの考えでは第3章にあたる「スパイの子」という見出しの章が第2の試練と重なります。松の根から油をしぼるために、村の子どもも疎開の子どももたき木を山から運ぶ仕事に携わることになった場面からはじまる章です。女の子は「顔の色は黄色くむくんで、だれよりも体のぐあいがわるそうに、みえた」（P56）という状態でその作業を続けているのです。そればかりか、村が戦闘機の機銃掃射をうけると、それは女の子の父親が「アカの大悪党」で、「スパイぐらいやりかねねえっ」と、いう評判がたちました。そして、女の子は

あの子のあとを村の子らが追いかけて、
——スパイ　スパイ
毛唐のスパイは
ちぢれっ毛！
頭もじゃもじゃ
シラミが千びき。
千びき、万びき
はさんですてろ！
と、節をつけてからかった。（P69〜70）

と、いう心身共に追いつめられた状態に陥ります。人間が人間でいられなくなる状態に追いつめられるのです。村という共同体の子どもたちが、唱えことばで女の子をはやし立てる。しかも、それが村の子どもたちに流布されるのは、村の大人達の暗黙の了解があるからです。寄ってたかってからかいの対象、誹謗の対象としているような状況が続いていくのです。

＊

奪われつくした状況で行為とことばを通した〈信〉の強さ、明らかさはどこから発生するのでしょうか。そのことを検討するためには女の子と大畑信昭の出合いの場面を欠かすことはできません。


石段のところに、今日も、あの女の子がすわっていた。

宿坊にきた疎開の子である。

七十三段もある大岳寺の石段の、ちょうど真ん中あたりに腰をかけて、何かを待つように、遠くの空を見上げていた。

半そでの白いセーラー服も、すっかり黄色くなって、いやな匂いがしそうだったし、赤い花もようのモンペも、茶色っぽく色あせて、あちこちにつぎがあたっていた。（同前書P27）

出会いの場面で「あの子」と表現されていることは注目に値します。「あの子」という表現は過酷な状況に置かれた女の子を表現するための、やむにやまれぬことばだからです。相手のことを知らないという意味の他に、神聖とでも呼ぶ以外にない領域で懸命に生きる女の子の距離感を「あの子」と表現しているからです。

脱走兵士とともに親子のようにしてミイラになってしまった女の子を描くことによって女の子の〈神聖さ〉は象徴となっています。また、物語としては戦争によって引き起こされた何重もの抑圧のなかで人間的であることの困難を伝えることとなっています。

＊

悲惨さのなかからこそリアルな神聖さが生まれると、一般論でまとめてみたい誘惑があります。確かに悲惨さのなかに浮かびあがる〈神聖さ〉は多くの人の心を掬いとる力があるからです。また〈神聖さ〉は生き残った大畑信昭の心理的な葛藤のなかで繰り返しクローズアップされています。しかしそうまとめるだけでは不十分です。

女の子が逝ってから語り部として生きる大畑信昭の戦後の深い狐絶が描かれているからです。最終章「キツネつきの和尚さま――おわりに」に描かれた大畑信昭の戦後の時間は救いがなく風化を拒んでいます。彼の姿はまるで世捨て人です。しかし彼の内面でエネルギーは荒れ狂っています。ありとあらゆる感情が混在しながら肉体を駆け巡っているようです。社会や人々へ向けての怒り、無念さ、悔しさ、せつなさは同時に自分にも向けられるという、逃れがたい矛盾をかかえて生きています。夕方の川原で一人石投げをしているとき「和尚さまや、ひとりぼっちじゃ、さびしかろう。奥さんを、もらったらどうだね?」と、助役から声をかけられ、怒り出します。「おらの嫁っこはナ、観音ぼさつみてえに、尊いおかたじゃ」（P183）と、語らせ、そういいながら次のような表情を浮べます。

和尚さまはそのとき、鬼みたいな笑いを、うかべたそうだ。うれしそうな、さびしそうな、かなしそうな、たのしそうな……とにかく、うす気味悪い笑いだった。（同前書P184）

物語は信昭少年の視点から語られてきました。ここで視点が転換します。話者は村人と作者の重複した視点に転換されています。女の子の奪いつくされた状況は大畑信昭の目によって写しとられてきました。しかし戦後の大畑信昭の奪いつくされた心情は村人と作者の視点から写しとられています。

信昭少年が変転めまぐるしい戦後を孤絶しながらも生き得たのは女の子の〈神聖さ〉を内包したからこそでしょうか。その意味では愛の物語であるといえます。

最終章「キツネつきの和尚さま——おわりに」は何故書かれたのだろうかという問題に触れてみます。さねとう様自身この最終章を書くことで〈戦争〉体験にひとつの論理化を果たそうとしたのではないでしょうか。

＊

物語は同心円上に心理が深まっていく構造としても読むことができます。その核心の場面は次の場面ではないでしょうか。

あの子は、ふりかえりもしないで、何かに熱中していた。

「おい、何してんだ?」

信昭がのぞきこむと、

「ん、お葬式……こんどは、ほんとうのお葬式よ、ホラ……」

あの子ははずかしそうに、手のひらをひろげてみせた。そこには、あんなにだいじにしていた、焼けた数珠玉が、コロコロゆれていた。あの子は、すこし深い岩のくぼみに、それをひとつぶひとつぶ、ほうりこんでいたのだ。

「あっ、もったいねえでねか！　母さんの形見だべ」

「ううん、いいの……もう、いらなくなったもん」

信昭は、まじまじと、あの子の顔をみた。どういうわけか、今日はとてもすっきりしている。

「うん、もう汽車の音もしなくなったし……東京のことなんか、忘れてやった！」

あの子は、最後のひとつぶを、落としおわると、これでよしとばかりに、パチンと手をたたいた。

（P148〜149）

「あーあ、あたし、生きていたいなア…、穴ぼさつさまに、なったっていい……戦争がおわるまで、死にたくない！」

やせこけたあの子のほっぺたが、ぽっと赤くなったので、どれほど真剣にいっているのか、信昭にもわかった。

「バカやろう、死ぬときは、ぜんぶいっしょでい！　おらも、おめえも、天子さまも……！」

と、信昭は、あの子を元気づけるつもりでいった。自分達のうしろに、天子さままでくっつけたのは、照れかくしのつもりだった。

「あたしは、べつ……こっちは、そのつもりでも、天子さまが許してくれるもんですか！　あたし、寮から脱走したわるい子だもん！」
　あの子は、つらそうに顔を伏せた。（P151～152）
　この場面は、一人の女の子（＝男の子）がどういう状況になっても留保したまま手放すまいとしてきた「切ない思い」と別れざるを得なくなった心情と行為が描かれていると読むことができます。物語はこのような逃れようのない状況を生きる意識や場面から発生するのだなと強く印象付けられました。

２００８年8月20日

鈴木清隆

（注1）　拙著『国語教育における〈意味生成〉論序説』（私家版）

《書　簡⑭》鈴木↓さねとう

「戦争」と「マス・メディア」の関連を探る

さねとう　あきら様

『神がくしの八月』を通して考えさせられたことを続けさせていただきます。

『神がくしの八月』は戦争をあつかった作品です。しかし勝手な読みをさせてもらいますと現在の〈マス・メディア〉の腐敗と同じ質の問題があつかわれています。たとえば女の子の父親は「アカ」といううわさを立てられます。例えば脱走兵ということばによる敵視があります。たとえばこども同士も疑心暗鬼の世界に放りこまれています。どのこどもも生きることを切実に選んでいるのに、心に恐怖を抱えるようになっていきます。その状況に囲まれながらひとりの女の子がその世界で冷静に生き抜こうと決めます。そしてその行動を貫きます。ただ生き抜くことを選ぶのではなく、冷静に生きることを貫こうとするのです。

冷静に生きることは別な言い方をすると自立的な生き方を貫くということです。戦争末期の村落共同体で、その生き方は行方不明にならざるを得ない道でした。共同体にとって認め難い生き方という事情ともいえるでしょうか。

〈マス・メディア〉という視点を導入するとき、『神がくしの八月』は、現在そしてこれからの状況を抉る作品として浮びあがってくるように思います。

作品に触発されながら〈マス・メディア〉と〈戦争〉について考えを述べます。〈マス・メディア〉と〈戦争〉の二つにしぼる理由は単純です。二つの力は現在の世界（大状況）を象徴しているだけでなく、身近な生活（小状況）にも浸透していて、生活全般の象徴と見做してよいと思うからです。もともと〈マス・メディア〉には社会のなかで起こる事柄の情報を公開するという重要な使命が与えられてきました。他方、捏造された情報、真偽が確かめられない情報などによる情報操作といった深刻な問題が跡を絶ちません。戦争は力をむき出しにします。相互に深く関連しながら存在しています。力とは「その組織に属する他人すべてを、自分の意志通りに動かすことのできる力」という意味で「権力」と呼ぶことができます。わたしたちの日常生活に深く関わりながら、関係意識や状況に対するイメージを誘導する基盤になり、結果的にわたしたちの考える力を衰えさせているからです。〈戦争〉は暴力と破壊そのものであらゆるものを壊し尽くそうとします。〈マス・メディア〉には人と人、人と自然を結びつける役割があるはずですが、現在ではひとの体と心、人と人との関係を壊す働きのほうが露出しています。

＊

わたしがこの問題——〈マス・メディア〉の報道を通して知るということの問題——を意識させられ、正面から向き合うようになった契機の一つに辺見庸氏の『不安の世紀から』（角川文庫）と『松本サリン事件報道の罪と罰』（河野義行・浅野健一著　新風舎文庫）を読んだことがあります。

辺見氏は「オウム問題」「ボスニア・ヘルツェゴビナ紛争」にこだわり、体を使って見続けながら考えることの意味を示唆してくださいました。そして紛争の複雑に入り組んだ問題と、その問題を報道する

〈メディアと想像力〉の腐敗の問題の二つを関連づけて世に警鐘を鳴らしています。それから辺見氏は考え・見続けることを通して〈マス・メディア〉の腐敗を「人間の記憶の抹殺」過程であるとした新しい概念を提起しておられます。「人間の記憶の抹殺」という概念にはとてもたいせつな事柄が含まれていると思い、はっとさせられました。

河野義行氏は1994年の「松本サリン事件」の第一通報者であるのに、マスコミ各社の報道によって「犯人扱い」をされ、警察から家宅捜索、薬品の押収などをされた方です。報道により無実の河野氏が犯人扱いされた過程を検証し、浅野健一氏と一緒に記録として『松本サリン事件報道の罪と罰』を著してくださいました。警察の捜査、記者の取材と記事の分析、それらの過程や詳細を記録し問題をえぐりだしています。一市民である河野氏もまた「人間の記憶の抹殺」という課題に徹底した冷静さで立ちむかい、記憶をのこす仕事をもくもくと続けてこられたといってよいと思います。被害にあわれた奥様の介護を続けながらのお仕事です。その精神の強さとしなやかさに深く心をうたれました。

＊

現在の〈マス・メディア〉には事実と状況を把握し、そのなかから問題提起しようとする粘り強い思考力が衰えていると判断しています。

ニュースのような事実尊重の番組でさえ、視聴者に伝える面が過度に要求され、慎重さにかける情報を流すという傾向を免れていません。そうなる要因はいくつもあるでしょう。一つの要因は伝えるためにはわかりやすさが何より求められているということが関わっています。わかりやすさは二者択一の二分法が有効です。実際に〈マス・メディア〉報道は、この思考方法の枠内でつくられることがほとんどです。具体例をあげながら検討してみます。
『松本サリン事件報道の罪と罰』で、河野義行氏は「私のマス・メディア体験――誰のため、何のための報道か――」を書いています。サリン事件の被害者のお一人であるのに、犯人として報道され、事情聴取も受けるという恐ろしい体験を冷静に記録し告発しています。その体験の経過を読みますと、わたしも経験させられたマス・メディア取材・報道と警察の事情聴取の様子があまりに重なり、暗澹たる気持ちにさせられます。概略と経過をわたしなりにまとめてみます。

1994年6月27日、午後10時40分ごろ、裏庭で犬が白い泡をふき痙攣している異変が起こる。続いて妻、さらに河野氏自身に異常が起こる。翌28日午前5時ごろ、私服刑事による病院での事情聴取。28日深夜、松本警察署長、刑事の2名が「河野さん、何があったのですか。本当のことを言ってください」と、聴取に来る。

翌朝の各紙に「事件の第一通報者の私が「除草剤を作ろうとして調合ミスをした」とか、「強力な殺虫剤を作ろうとして調合を間違えた」とかと、大々的に載っていたのです。つまり、29日の朝刊から、私は「犯人」との、レッテルを貼られていたのです」という状況に陥らされる。この間に家宅捜査、薬品の押収を警察からうける。7月3日、ガスがサリンと判明。

7月15日、読売新聞の報道から「科学者などの証言やコメントをつかい、自宅でサリンがつくられるかどうかという角度のものになっていきました」。

退院の翌日、産経新聞が「松本の有毒ガス事件　30〜40人殺せる薬持っている　男性客がスナックで話す」という、報道で河野氏が男性客であるかのイメージをかき立てる。

事件の2日後から、「犯人」とレッテルをはられていく過程がよくわかります。そして科学者の発言が重ねられ、記事は「30〜40人殺せる薬持っている　男性客がスナックで話す」と、エスカレートしていきます。この記事のエスカレート過程は〈マス・メディア〉の一般的な腐敗過程といってよいものです。「犯人」であるという見込みをもって物事を見ようとすればそう見える事柄が誰にも発見できてしまうということです。そしてその状況を変えることは極めて困難で時間のかかる作業に耐えることが必要になります。

＊

この過程は記事をつくる〈マス・メディア〉のマニュアルといってよいものです。ことばが実態とかけ離れながら流布していく過程といってもよいと思います。その過程のいたるところに物事を二分法で組み立てる単純思考があります。そして科学者、鑑定医、専門家の発言がそれを権威づける役割として登場してきます。

記事が冤罪を生む過程をもう一度整理してみます。

（1）警察の捜査や家宅捜査

（2）科学者（専門家）のコメント

（3）一般の人からの聞き取り

記事の出発点は警察の捜査です。警察が捜査することは社会的に即事件という把握につながります。何か疑われる根拠なしに警察が捜査することはないと一般的にうけとめられてしまうのです。また、〈マス・メディア〉も警察が捜査を始めたのなら事件である、事件として扱ってよいという認識におちいっています。これはマニュアル化していて取材・事柄の検討なしにうけいれられているのではないでしょうか。次に専門家らしき人物の登場です。そして仕上げは一般の人々が登場し感想を述べるのです。これが報道の一般的なパターンといえるものです。

もういちど整理してみます。

捜査の専門機関が疑っている。専門家も可能性を否定しない。近隣の人も疑っている。このようにみんな疑いをもっている。それに比べて疑わしき者からは、はっきりとした否定がなされていない。そうすると疑いは確からしい。確かかもしれない。〈マス・メディア〉が記事を展開していく一般的な過程です。この手法とレトリックを駆使することで、まったく犯罪にかかわりない人でも「犯人らしい」から「犯人」だという印象のところまで追いつめられてしまいます。つまり、誰でも「犯人」として扱われうるのです。このことは今日わたしたちの日常に浸透している問題です。事実や状況把握を論理的に積み上げる手続きを抜きにして、犯人像を擦り込んで行くという実に困難な問題といえます。

＊

〈戦争〉について考えてみます。「戦争」は「国家間の争い（紛争）を解決するための実力行使に入ること」（『新明解国語辞典　第三版』）と、定義されています。この定義をかりると、「国家間の争い」を「解決するため」に「実力行使」という方法を選択することが戦争であるということがわかります。

この定義から「戦争」とは個人や自然や文化を対象としないということがわかります。「国家間の争い」

が優先された実力行使であり、個人はその道具であるに過ぎないということです。また自然は戦略上の視点から把握される対象でありますが、そこに多様な生命の営みがあることは無視されます。では、文化はどうでしょうか。文化の担い手は人間です。人間が実力行使の道具とされるような状況下では文化も破壊の対象となります。ところで「国家間」がいったん「実力行使」の段階に入ると、自然も文化もひとも破壊の輪のなかに投げだされ、死をともなう過酷さを引き受けさせられます。それだけでなく、民族そのものの抹殺にまで突きすすもうとする力をもってしまい、一方で融和をはかりながら、他方で衝突を繰り返すことが日常となります。敵の敵が味方である。四割は対立しながら六割は交流する。笑って握手しながら、にぎった手は緊張に満ちている。そういう状況が生まれてきます。

＊

現在の世界は、民族、歴史、経済、政治、資源など様々な面で複雑に絡み合い、その関係は変化し続けながらわたしたちの前にあります。たとえばセルビアからの分離独立をコソボが果たしたという報道があります。チベットの問題も報道されています。アフガニスタン、イラクの「戦争」、アフリカの民族紛争も世界中に報道されました。旧ソ連から独立したグルジアの南オセチアの紛争の報道も２００８年８月の中国北京でのオリンピック中に報道されました。

こうして政治的な駆け引きの評価は別としても、わたしたちは「戦争」について〈マス・メディア〉の報道を通して考えさせられています。その影響のもとで現在の世界像を紡いでいます。「戦争」と〈マス・メディア〉の深い関連について、とことん考えてみる必要に迫られているのではないでしょうか。しかしどうでしょうか。〈マス・メディア〉の報道を通して「戦争」を知るということの問題点をよく自覚しないまま日常を過ごしているように思います。

＊

体験としての「戦争」をもたない人間は、どのようなことから「戦争」について態度決定したらよいのでしょうか。わたしは二つの経路をたどることができるように考えています。一つは、想像力によってその過酷さ、残忍さ、無機的な様を拒否するイメージをもつことだと考えます。そのきっかけは文学作品にふれることであったり、ドキュメンタリーを視ることであったり、体験者の話を伺うことであったり、歴史をひもとくことであったりさまざまでよいと思います。わたしの印象では十分でないとしても多くの人がそうした機会を与えられてきました。教育でも実践が積み上げられてきました。これからもこの方法は繰り返されなければならない有効な方法だと思います。

もうひとつの方法があると思います。そしてこの方法による思考作業が広がらないことが現在の課題であると考えています。その方法とは〈戦争の原理〉をさぐり、現在の状況とも無縁でないという論理を獲得しながら態度決定する努力のことです。

＊

わたしの力では拙い内容になると思います。そのことを忘れずに〈戦争の原理〉をさぐり現在との通路を検討してみます。自力で展開することができませんので二著作の内容をお借りしながら考えをまとめてみようと思います。二著作とは『核時代を超える——平和の創造をめざして』（湯川秀樹・朝永振一郎・坂田昌一編著　岩波新書）と『国際政治——恐怖と希望——』（高坂正尭著　中公新書）です。二著作とも「戦争」の具体的な契機や事情、経過を述べているわけではありません。ですが、現代の地域紛争をも包含する〈戦争の原理〉を追及した内容には注目させられます。

二著作から受けたポイントは〈戦争の原理〉の核に人間の〈恐怖〉の感覚があり、〈恐怖〉の感覚こそ人を戦争に駆り立てるエンジンになり得るということです。この〈恐怖〉の感覚という視点を導入したことで「戦争」は遠いものではなく、現在の日常生活のトラブルにつながります。非日常としての戦争を考察して〈恐怖〉の感覚をとりだすことができる。そのことが逆に現在の日常生活（創造力がマイナスに働く状況下）に通じるというパラドックスが見えてきます。

＊

まず、朝永振一郎氏の理論をお借りしながら〈戦争の原理〉について考えてみます。朝永振一郎氏の講演記録は『核時代を超える――平和の創造をめざして』に「核抑止政策の矛盾」という題で収録されています。核抑止論の「変遷を追いながら、その矛盾がどんなぐあいにあらわれてきているかを考えてみたい」という意図の講演記録です。核抑止論の構造と考えの変遷を理論的に解きあかした記録です。わたしは読みながら〈戦争の原理〉の核にある〈恐怖〉の感覚の発生について示唆にとむ講演内容だと思いました。

朝永氏は核抑止論の変遷過程を十の段階に分け、段階ごとにその中心となる考え方をとりだしています。そして、十段階の前提には「対立する国があったときに、先手をとったほうの国が必ず勝つ」のではなく、「攻撃を受けたほうが報復をする可能性を常に持つ」必要があるということをあげています。「攻撃を受けたほうが報復をする可能性を常に持つ」という前提には、対立する双方に〈恐怖〉の感覚がふくまれていなくてはなりません。「報復」されることの〈恐怖〉感です。核抑止論という戦略的な理論は、きわめて人間的な感覚を土台としていることになります。ここに考えるに値する事柄があります。今はふれませんが大事なヒントが隠されているように思うのです。

＊

核抑止論の十の段階とはどのような内容なのでしょうか。わたしなりに十段階を要約しながらまとめてみます。

（1）初期段階とは、核兵器をもつ国が二つであり、核兵器としては爆弾のみで、運搬手段は飛行機か爆撃機という状態。（先手必勝でなく、非常に大きな報復可能性があること）

（2）安定性の問題の段階とは、初期段階の二つの条件が「実際に安定して長期間にわたって成立し得るかという問題」が出てきた段階。（二つの国、あるいは国家群がほぼ均衡していないといけない）

（3）研究開発を競争する段階とは、核兵器の数、運搬方法の改良、大型核兵器の研究開発。（開発可能性が残されている）

（4）偶発戦争の危機段階（押しボタン）とは、ミサイル開発がＩＣＢＭ（極めて速度の大きな運搬手段）にまで行き着き、敵の爆撃が落下する前に報復を行わなければ報復能力が破壊されてしまう。

（5）抑止論の構想段階とは、抑止が成立するためには、「二つの陣営の核兵器や運搬手段のレベルがほぼ均衡」し、「お互いに相手がたのレベルをある程度知っている必要がある」ことの実現を考えた段階。

（6）均衡に向けての対策の段階とは、兵器に関する情報を交換し、遅れている方を高める考えが出てきた。

（7）データ隠しを疑問視する段階とは、通告し、交換したデータの真偽の心配。（潜在的な兵器開発能力の査察）

（8）事態の安定を考える段階とは、兵器開発において、大きさと量の競争が無意味になる（世界中の人間を皆殺しにしても余るほどのものをつくること）ような状態で、事態をうまく安定させようと考えること。

（9）安定抑止論の段階とは、この論の基礎として、陣営が二つ、破壊力の画期的増強は当分の間不可能。均衡概念ともいえる。抑止論は均衡論ともいえるが、そのなかで重要な役割を果たすのは「恐怖」である。恐怖の均衡こそ抑止論の核をなしている。

（10）抑止魔力が曖昧になった段階とは、小形核兵器の開発、地下核実験、多くの国が核兵器を持つ事態の進行。

（以上、同前書P14〜33より鈴木要約）

＊

核抑止論は人間の〈恐怖〉の感覚を土台とし、〈勢力均衡〉という原則を指針としてなりたっている論であることを知らされます。ところで「〈恐怖〉の感覚を土台とし、〈勢力均衡〉という原則を指針と」する核抑止論は〈戦争の原理〉の一典型としてよいと考えます。なぜそう考えられるのでしょうか。わたしなりに理由をあげてみます。現在の世界の核兵器保有国は、アメリカ、ロシア、イギリス、フランス、中国、インド、パキスタンと言われています。これらの国以外にも保有してると言われる国があります。こうした国は大なり小なり二国間の核抑止論が現在でも通用している国家であり、地域と見做してよいと思います。

それでは、核兵器を所有しない国家間の紛争、もっと限定された局地的な地域紛争においてどうなのでしょうか。「〈恐怖〉の感覚を土台とし、〈勢力均衡〉という原則を指針と」する論は無関係なのでしょうか。そんなことはないと考えています。紛争のある地域、国家には「〈恐怖〉の感覚を土台とし〈勢力均衡〉という原則を指針と」して状況が動いているからです。局地的な地域紛争でまことに悲惨なことに〈勢力均衡〉を崩すための虐殺があったという情報がつづいています。報復を恐れる〈恐怖〉の感覚が双方にある典型と言えるのではないでしょうか。

＊

〈勢力均衡〉を核とした核抑止論は確かに〈論〉です。破壊や虐殺のような直接行為ではなく、互いを想像によって牽制しあうことで成り立つ関係だからです。しかし「（7）データ隠しを疑問視する段階」に「通告し交換したデータの真偽の心配。（潜在的な兵器開発能力の査察）」という問題があり、現在でも国際政治において生々しい事柄となっています。対立する互いの国家間で互いに相手が発信する「データの真偽の心配」を真剣にするという状況は現在の事柄です。〈互いに発信する情報の真偽を心配し、疑う〉――この相互の疑心暗鬼状態は、話し合いの継続という面を保ちながら〈戦争の原理〉を構成する一要素になっていると考えます。

朝永振一郎氏の核抑止論の変遷をおかりして、〈戦争の原理〉について私見を述べてきました。もちろん朝永氏は、核抑止という考えそのものが「始めから矛盾にみちたものである」という前提でその変遷をあとづけています。なぜ矛盾か。それは「核兵器が出現した結果、戦争の性格が基本的に変わった。世界各国が核兵器を放棄し、全面完全軍縮の実現に協力しない限り、人類破滅の危険は決してなくならない」（Ｐ１６８　湯川秀樹）という基礎的な思考を出発点にしているからです。この考えからすれば、核抑止論は「それは核兵器の保持による威嚇が平和の維持に役立っているという立場を正当づけるための議論である」（Ｐ１６９）ということになり、許容できないことになります。

＊

高坂正尭氏は『国際政治――恐怖と希望――』の「第一章　軍備と平和」で〈勢力均衡〉を歴史、外交、国際関係などの面から詳しく分析し、整理されています。そして高坂氏も核抑止論の構成要素である〈勢力均衡〉の概念の矛盾とあいまいさを分析しています。その分析は結果的に核抑止論の矛盾をも指摘していることになります。次に高坂氏の整理をたどりながら〈勢力均衡〉について考えてみます。

高坂氏は〈勢力均衡〉は「苦肉の索」として「中世的秩序が崩壊し、共通の行動原理が消滅した混乱状況にある近世初期のイタリアで生まれた。」（同前書　Ｐ22〜23）と、述べています。また、〈勢力均衡〉が生まれた事情と〈勢力均衡〉の具体的な目的を次のように述べています。

都市国家という力の単位が、みずからを拘束する権威も法則も、なんら認めない状況においては、相反する要求や利害のあいだの妥協、相争う勢力のあいだの均衡以外に、状況を安定させる方法は存在しなかったのである。（Ｐ23）

国際政治における勢力均衡は、その目的として、各国の独立の維持と無秩序状態（すなわち全体戦

争）の回避という二重の目的を持っていた。（P24）

他方で〈勢力均衡〉原則には欠陥があると指摘しています。指摘をわたしなりに二つに要約してみます。

（1）国家や同盟の力は捉えにくく正確に評価することはむずかしい。

（2）勢力均衡も正確に測定することが困難である。

利益、価値観、力の行使がからみあった国家や同盟間では、相手の力の評価はあてにならない、不確実ということをわたしたちは情報化社会のなかで知らされています。

たとえば勢力均衡の測定です。高坂氏はその困難性について次のように分析しています。

測定が困難であるのは「測定をさまたげるいくつかの要因が存在する」からであると氏は述べています。その要因とは「各国が勢力均衡を口にしながら、獲得しようとするものは、自国に有利なような「均衡」である」（P27）からである。「したがって、実際の均衡が安定するのは、より有利な立場にあるものがその立場を乱用して有利さを優越に変えようとせず、不利な立場にあるものがあえて挑戦しないという場合にほぼかぎられるのである」（P27）また「人間は、相手の侵略的意図を疑うことはあっても、自分が相手に対して与える脅威についてはきわめて鈍感である」（P28）この傾向から「相手側はあらゆる機会を捉えて攻撃してくるから、それに備えなくてはならないという考え方が生まれる」（P28）

＊

〈勢力均衡〉はきわめて人間的な、あるいは集団的な意識にのって成り立っていることを理解することができます。朝永氏が核抑止論の変遷の第7段階から第9段階の特徴としてとりだした指摘とかさなります。さらに、この分析からわたしたちは日常生活における社会関係にも戦争が関連していることを納得させられます。現在の日常生活は創造力がマイナスに働く傾向があります。相手をうたぐり、攻撃にそなえ、自分に有利な均衡を求めがちな生活スタイルが社会に浸透し、子どもたちの間にも広がっています。こうした傾向と状況は戦争を受け入れる意識と生活様式が行き渡りつつあることを意味しているようで懸念されるのです。「秩序が崩壊し、共通の行動原理が消滅した混乱状況に」進みつつある現在の状況を考えたとき、戦争の原理が勢いをましながら広がる危険性を認識しなくてはならないとも考えています。

＊

〈戦争の原理〉を次のように命題化してみます。

戦争とは互いに「〈恐怖〉の感覚を土台とし〈勢力均衡〉という原則を指針と」しながら「相互の疑心暗鬼状態」から遂には武力を行使し相互に生命を破壊しあうことである。

〈勢力均衡〉とは利害が対立する相互が、すでに武力による段階に入っているということを前提にしています。ですから〈勢力均衡〉概念をそのまま受け入れるわけにはいきません。互いに冷静にふるまうだけの国家間ならば抑止効果があるという見解を無視することもできません。すでに現実となっている事柄であるからです。互いが段階的に縮小する過程を粘り強くすすめることが無視されることはできないでしょう。しかし〈勢力均衡〉概念は必ず「相互の疑心暗鬼状態」からほころびが生じます。ですから戦争をさける論としては当然ですが不十分です。
さて、命題化してみた〈戦争の原理〉は教育の原理と逆立しています。なぜなら教育の営みを根拠づけるのは次のような考えと行為だからです。

教育とは、互いに融和の感覚を土台とし、資質の違いを認める知的強さを原則としながら、相互の関係をことばと行為によって高め深めていくことである。

教育をこのように命題化したとき、〈マス・メディア〉の現状を鋭く問いたいという思いがわいてきます。現在の〈マス・メディア〉は人間同士の融和を破壊し、互いを疑心暗鬼にさせる手法を際だたせているからです。それは兵器を使っての破壊ではありませんが、人間の意識のレベルでの徹底した破壊だからです。身体的な破壊ではないとしても心理的な破壊です。〈戦争の原理〉は人間の意識のレベルで考えた場合、わたしたちの日常生活に〈マス・メディア〉を通して浸透しているといえるのではないでしょうか。もちろん戦争への警鐘をならすテーマの番組はあります。しかし気分は戦争を受け入れているとも言えるような状況が気になります。受け入れているという言い方が適当でないとすれば、受け入れざるをえないように追いつめられている、ということかもしれません。いずれにしても〈マス・メディア〉の現状は憂慮すべき課題といえます。

＊

作品批評から離れ、戦争とマス・メディアの関連をさぐることで言語表現の現在的な意義を見直す契機をつかみたいと考えてすすめてまいりました。おぼろげにではありますが確認できたことがあります。それは人々の意識は〈恐れ〉から混乱と対立に陥りがちだということです。そして人々の意識を誘導するものはうわさとか憶測といった情報です。その最たるものとして〈マス・メディア〉の腐敗の問題がわたしたちの目の前にあります。そして腐敗の問題は確認できないことを白黒に色分けしてわかりやすく情報化しようとする手法が淵源と言うことができます。その結果、冤罪がわたしたちの日常生活にまで広がって、誰でもある日その当事者になる可能性があるのです。そういう現状がある社会になっています。そうではないことを証明できなければ限りなく怪しいのだという報道を繰り返し、その影響から物事を掘りさげて扱おうとする姿勢は冷笑の対象となりがちです。わかりにくさは忌避されがちであり、いじめの問題が生まれる雰囲気が蔓延している状況があるのです。

＊

こどもたちの周囲にも物事をわかりやすい二分法であつかい、情報化して流そうとする〈マス・メディア〉の手法は浸透しています。辺見庸氏は『反逆する風景』（講談社文庫）で、「マスコミというのは、奇妙なもので、吉事については人の善のみを前提にして伝え、犯罪などの凶事に関しては、これを引き起こした人間を悪として豪も疑わない、単純極まる善悪二分法をもって変わらざる伝統としているのである」（P272）と述べています。こうした状況はひとりひとりが自分のことば、自分の論理で物事を立体的につかみ、表現しようとする批評行為の衰退につながっています。つまり、わたしたち自身のことばの問題、表現の衰退の問題に直結しているように思います。

こうした状況のなかではひとりひとりの批評行為こそ意義があるのだと思います。対象や状況はわかりにくいものです。そのわかりにくい対象や状況を掘りさげようとする意識から批評が発生します。

ところで批評行為は教育にとっても大きな課題です。なぜなら教育はひとりひとりに自己実現の基礎を築かせたいという理念のもとになりたっています。その実現にはひとりひとりに批評意識を身につけてもらうということが求められるからです。すべてを疑い、自分で確かめる批評の方法を身につけることが求められています。他の考えを疑るだけでなく自分の考えも疑い吟味する力です。ところが教育の衰退には〈マス・メディア〉が深くかかわり、こどもたちは自分を表現する時間を与えられないままに〈マス・メディア〉から流されるふるまいを擬似的に見につけさせられます。このような時代と状況のなかで、どのようにして自己を創る道筋を求めたらよいのでしょうか。

わたしは、ヨブが試練のあとに述べたことばが自己を創りつづける手がかりになるのではないかと考えています。前回の書簡でもふれさせていただきましたが、もう一度触れます。

第1の試練を受けたのちのヨブのことばは次のものです。

裸でわたしは母の胎を出た、
裸でわたしはかしこに帰ろう。
ヤハウエ与え、ヤハウエ取りたもう。
ヤハウエの名はほむべきかな。（同前書　P11）

第2の試練のあとのことばはどうでしょうか。ヨブは「あなたはまだ自分を全きものにしているのですか。神を呪って死んだらよいのに」と言う妻に向かって、次のように応えています。

お前の言うことは愚かな女の誰かれが言いそうなことだ。われわれは神から幸いをも受けるのだから、災いをも受けるべきではないか（同前書　P13）

ヨブには財産、身体、心身の苦痛のどれをもが〈自分〉のモノではないという考えが貫かれています。もともと裸で生をうけたのだから、そこに帰ることに何のこだわりもなく、災いという宿命も生のなかの出来事であり、その生そのものは生みだすことができないということを認識すれば、こだわることはできません。そういう思想が語られています。論理としてはわかりやすいのですが、生き方として貫くことは途方もなく難しいことです。しかし、この箇所には大きなヒントが隠されていると思います。人の〈ことばの発生〉現場が表現されているからです。コミュニケーションとしてのことばではなく、実存者としての人の〈ことばの発生〉についてです。大いなる沈黙をともなった表現についてです。批評について考えようとする時、このことばと論理はたいへん示唆に富んでいます。もともと〈詩〉や〈物語〉や〈小説〉や〈批評〉などはメディアから最も遠いところで発生し、営まれる行為だと思うからです。それはどんなにメディアが発達し、情報が操作されるようになっても揺るがないのではないでしょうか。その意味でメディア時代でも作品創造は営々と営まれ続けていると思います。

江藤敦氏は『批評家の気儘な散歩』で「言葉の復権」について次のように述べています。〈ことばの発生〉の現場について静かに語りかけておられる味わい深い箇所です。

私どもはまず目をつぶって、私どもの沈黙の声を聞いてみる。そしてまず自分の中にかすかに燃えているともしびを見詰めてみる。そしてそこに託された言葉を一人ずつが自分の声で語りはじめてみる。そういう「ささやかな試みを通じてわれわれ一人一人が、やはり生まれてきて死んでいくものであるということ、世界がどうなっていこうと人間のこの条件は変りようがなく、そこからぬけ出す道は言葉にしかないということを、自分のなかで確かめ直す以外に、言葉を復権させる道はないのではないかと考えます。（P221〜222）

『神がくしの八月』作品を読むことでここまで考えをすすめることができました。ありがたいことです。読者としての勝手な感想ですが『神がくしの八月』女の子が行方不明になった場面で物語を終わらせることもできたと思います。しかしミイラ状態で発見される場面を描き、和尚として生き残った大畑少年の苦悩を描いていることは戦争をただの観念として終わらせない、身体が体験したことを身体で残す、そういうさねとう様の生き様の現れだと感じております。

２００８年12月28日

鈴木清隆

《書簡⑮》さねとう↓鈴木

「ワレラ少国民」は、愚直にアノ戦争を戦い抜き、
ついに「民主主義」にたどりついた

鈴木　清隆　先生

二〇〇八年一二月二八日付け〈書簡⑭〉をいただいたきり、わたしの返書をさしあげるのが遅れに遅れ、六年の歳月を経てしまったことを、まずお詫びいたさねばなりません。鈴木先生は〈書簡⑩〉から〈書簡⑬〉にかけて、戦争民話『神がくしの八月』の詳細な分析を展開され、さらには〈書簡⑭〉においてご自身の「戦争観」を誠実に披瀝して下さいました。年端のいかぬ「軍国少年」として、いわばアノ戦争に従軍させられたわたしとしても、正面切って「戦争論」を展開したくなるのですが、資料を集め、構想を練っているうちに、健康面の問題も生じ、「論破」するエネルギーの喪失に直面、心ならずも延引してしまいました。しかし本書の上梓にあたり、書き残しておきたい事柄を二、三、「偶感」の形で書き残しておこうと思います。

＊

一九七五年に出版した『神がくしの八月』は、先行の戦争児童文学に対し、明確に一線を画す意図で書かれた作品です。アノ戦争を「自伝」の形で表現すると、過剰な感情移入、個人的怨嗟などが混入し、さらには自分だけはアノ間違った侵略戦争に加担しなかった、と要らざる「自己弁明」のために事実の改ざんまで生じ、典型的な私文学に堕す危険性を孕んでいます。わたしはそれを避けたかったのです。鈴木先生の〈往復書簡⑩〉にも、三十年前の「戦争体験」を作品化するにあたって、なぜ「創作民話」で書かれなければならないのか、お訊ねがありました。わたしが生まれたのは、一九三五（昭和一〇）年でしたが、幼児の頃から繰り返し聴いた、三〇年ほど昔の日清・日露戦役の「物語」は、もう現実のことではなく、まるでおとぎ話のように語られていました。東郷元帥や乃木大将は、「桃太郎」や「力太郎」に匹敵する、民話・伝説上の英雄でした。だとすると、一九七五年は敗戦三〇周年にあたっており、当時、生きていた人々には、昨日のことだったかもしれませんが、このお話を聴く子どもたちにとっては、三〇年昔といえば、戦国時代・鎌倉時代に匹敵する、大昔の出来事だったでしょう。そういう距離感を大切にして、彼らとは共有できるはずがない、「大人の感傷」の押しつけだけは、やめにしたかったのです。

更に「民話」の手法を採用するにあたって、「私的体験」を出来るだけ多く採集・濾過して、「普遍化」をはかる作業を伴います。わたしにももちろん、個人的には苦難の「縁故疎開」の体験もあり、それなりの思いもあったのですが、自伝的に戦争をたどると、いたずらに感情過多になったり、都合の悪い部分に「脚色」を施したり、あべこべに小さな手柄を誇張したり、要するに「事実の改ざん」が思いのままになる危険性があります。そういう弊から免れるため、わたし自身の「個人体験」は一切封印して、一から着実に「取材」し直すことにしました。

幸いわたしが在学した小中学校の友人（戦争当時の町の子）は、東北地方に学童疎開していました。学校単位で地方へ逃れ、子どもたちだけで集団生活したのですから、わたしには未知だったエピソードも多く、友人が聞かせてくれた体験談は心にしみました。国民学校の厳しい規律の下で味わった喜怒哀楽は、「戦争」を告発する痛切なアピールにもなっていました。そういう思いを伝えるために、何としても作品に造形化しておかねばならないと、使命感のようなものが湧いてきました。そうやって集めた体験談やエピソードを、一切の私情も粉飾もまじえず、写真の乾板に写し取るように、過去の事実をありのまま提示しようと心がけたのが、創作民話『神がくしの八月』でした。

ですからこの物語は、完全な虚構であって、どこにもなくて、どこにでもあったお話です。そういう仕上がりをみせたときに、「創作民話」を名乗る自信を得ました。これはだれの「自伝」でもありませんが、疎開学童すべてが共有する「世代としての自伝」であり、後続世代に譲り渡す「創作民話」なのです。彼らはすべて、戦争の時代を「戦争スル」姿勢で生きています。喜怒哀楽はすべて戦争の中にありましたが、それを「日常」として育って行きました。そういう彼らに同情を寄せ、不遇な運命に涙したりするのは、読者の自由ですが、彼らはそういう感傷とは無縁の世界に住み、孜々営々とリアルな生活の刻をきざんで来た――そういった視点を厳格に貫いて、わたしは一篇の「民話」を編み上げていきました。

戦争を児童文学化するきっかけになった作品に、「少年の目の高さで戦争体験を描く感動の自伝的長編」の触れ込みで一九七三年に刊行された、今江祥智の大長編『ぼんぼん』があります。資産家のぼん（坊ちゃま）の「太平洋戦争戦記」のはずですが、彼に執事の如く仕える「老ヤクザ」が至るところに登場して、平和主義者気取りの「戦争批判」を口走るのには参りました。この人物、自分だけは「アノ戦争に間違っても手を貸さなかった」と弁明する作者の〈分身〉と判明しますが、同様に七〇年代にマンガ雑誌に連載が始まった中沢啓治の『はだしのゲン』でも、物語の冒頭に公然と「戦争反対！」を叫ぶ大工の父親を配して、「自分たちは軍国主義者ではなかった」アリバイにしようとしています。更に後年にベストセラーになった妹尾河童の自伝小説『少年Ｈ』では、えらく博識の仕立職のお父さんが出て来て、新聞記事の誤りを片っ端から指摘します。「これは秘密や」と耳打ちされる父親の「時局解説」のおかげで、Ｈ少年は常に「悪しき戦争」に対し批判的でいられました。後に山中恒は『間違いだらけの「少年Ｈ」』という大部の本を出版して、戦後資料の中から都合の良い部分をつまみ食いして、〈自伝〉をでっち上げた「裏事情」を暴露していますが、こんなにややこしい細工まで施して、なぜ善意の「平和主義者」を気取らなければならないのか、「いい子、ブリッ子」に思えてなりません。

軍国主義の時代に生まれたからには、だれだって「軍国少年」になります。そういう環境のなかでも、子どもは子どもらしく行動し、それなりに成長していきます。たしかに国のため天皇のために一命を捧げることを強要され、「自分は二〇歳までしか生きられないだろう」と自覚しても、「途中下車」するわけには行きません。その瞬間、瞬間を懸命に生き抜こうと努力します。「戦争」という時代に流され、社会全体から加わる「同調圧力」にもみくちゃになりながらも、自分の人生を投げ出したりしないで、歩一歩、前進をやめようとしないのが、子どもというものです。かつて皇国の青少年として、不徳義な侵略戦争にモロにはまり、それこそ目一杯、戦争をやってやってやりまくった者にしか、「平和」について語る資格はないように思います。

昭和初年までは、「大正デモクラシー」の名残もあって、ヒューマニズムの立場から「反戦・平和」を唱えたり、労働運動（闘争）の一環として「反戦」を掲げることも可能だったかもしれませんが、「満州事変」から「日米開戦」に至る十年間に、プロレタリア文学の作家だろうが、部落解放運動の闘士であろうが、「大政翼賛運動」に絡め取られて、金太郎飴みたいに同じ図柄の「皇道主義者」に変身（転向）、一億こぞって「八紘一宇」の理想をかかげて戦争に協力したのです。『ぼんぼん』や『少年H』などを読んでいると、昭和一六年段階でも「平和主義」は温存されたと誤解されそうですが、まるで人の心にローラーをかけるように、戦争を妨げる思想はすり潰されて、一億一心、狂気の日米開戦を支持したのです。

少し以前までは、「内心をすり潰す」なんてあるのだろうか、戦争体験がない人には、なかなか理解されなかったのですが、「君が代問題」の経過をたどると、そのやり口を少し実感できます。「国旗・国歌法」が制定されたころは、良心的に歌いたくない者は歌わなくても良いことになっていました。しかし学校行事などで国歌斉唱する場合、まず「不起立」が咎められ、やがて斉唱を拒否して、口を閉ざしていることも「規律違反」になりました。「君が代なんか歌いたくない」とする良心が、「業務命令」によってすり潰されようとしています。今や、先生相互が本当に声を出しているか、監視しあうケースもありとか。本格的「戦時体制」への移行も、かなりのところまで来てると言えましょうか。

『ぼんぼん』や『少年H』に描かれているように、周辺に「戦争なんかやりたくない」「こんな戦争、必ず負ける」と思ってる人がいたのに、どうして戦争は進行してしまったのでしょう。少女期に戦争を体験したお婆さんが、幼い子に戦争のむごたらしさ、つらさ、悲しさを、語り聞かせてやったところ、「そんなにいやだったら、どうしてやめなかったの?」と反問され、答えに窮したそうです。戦争に突入するときは、それこそ一億一心、皆がみんな、「戦争をやりたがって」始めるのです。今の日本も、週刊誌などには「日中もし戦わば」といった扇情的な文字がおどり、刻一刻、恐ろしげな方向へ時代が流されて行くのを実感します。こんなときに、「ほんとは戦争なんかいやだったのに、とうとう始めちゃった」と、のちのち後悔しても何の慰めにもなりません。「バスに乗り遅れるな」とせかされて、指し示された選択肢を安易にたどってしまうと、肝心の思想まですり潰されて行く――こうした先次大戦の失敗を生かす、今、一番大切な時期にさしかかっている、と確信しますが。

＊

また、先生は〈往復書簡⑬〉のなかで、「川井浩子」の〈神聖さ〉について触れておられます。『ヨブ記』を参照されながら、父を牢獄に連れ去られ、家を空襲で焼かれ、母も弟も町を埋め尽くす業火に奪われ、最愛のインコを飢えさせて殺し、更には「スパイの子」とそしられて、日本人としての「最後の名誉」まで剥奪されながらも、孤立に耐え、たき木を運ぶのをやめない浩子の〈聖者〉にも似た人間像をつかみ出して下さいました。何人かの女の子を点綴しながら、「浩子」という少女を創造したわたしにとって、ここまで深めていただくと、彼女に〈神性〉を与えたのは何か、そのバックグラウンドまで明らかになります。信昭は「村じゅうのだれよりも、いさましく戦争している姿だ」と感心していますが、たとえどんなに理不尽な命令であっても、この時代の子はどこまでも大真面目にやり抜いたものです。戦争末期の子らは、竹槍で米兵を突き刺せと言われれば、事の成就はさておき、あえて辞さぬ勇気（？）だけは持ち合わせていましたから。

「前線の兵隊さんを見習え」が、銃後の少国民に突き付けられた「国家的要請（命令）」でした。日本軍が追い詰められ、苦境に立たされると、その分ハードルが高くなって、「がんばる」限度も深刻なものになって行きました。そこを要領よく立ち回って、自分本位にラクして切り抜けようとする子ももちろんいました。しかし逆境も極まり、重圧が増せば増すほど、浩子のように生命力を迸らせる「勇者」もいます。脱走兵に捕まって、岩穴の中での暮らしを余儀なくさせられたとき、この絶望的状況を生き抜く力に転化して、缶詰の空き缶を集めて土を盛り、「豆を育てる準備」を始めたのは浩子でした。一握りの土に希望を託したたかさは、戦争末期にすでに芽生えていた「復興の底力」にも思えます。「まるで衆生の幸いを祈願した如くミイラ仏になった」のですから、彼女の戦いそのものが「聖者となるべき条件」を累積させていったと言えましょう。

わたし自身の体験を言わせてもらいますと、一九四四（昭和一九）年の年末、父方の親戚を頼って、母と四人の子どもが広島県に縁故疎開しました。その年の四月、国民学校四年生になったわたしは、ビンタの嵐が荒れ狂う軍国教育に疲れ果て、「不登校」になっていました。学校へ行かなくなれば楽な思いができるはずでしたが、修身の教科書的に「優等生」だったわたしは、この非常時に学校を怠けるのは前線の兵士の「脱走」に等しいと、自分を責め苛み「引きこもり」になりました。ところが瀬戸内海沿岸の農漁村で、にわかに始まった「田舎暮らし」は、都会とは比べものにならぬほど厳しく、水汲みやたき木拾いは、移住したその日から、一〇歳のわたしに任されました。水桶を二つ、中古の乳母車に積んで、デコボコ道を往還する姿は、傍目には「不憫」に見えたかもしれませんが、当人は「引きこもり」から解放されて、意外にせいせいしていました。

父親を東京に残しての疎開生活でしたから、頼りになる知り合いもおらず、各戸割の勤労奉仕には母親が狩り出され、わたしが「不登校」で家にいたのを幸いに、煮炊きや掃除、誕生前の弟の子守やおしめの洗濯など、いつの間にか〈小さなお母さん〉の役割を引き受けていました。母親代わりの家事労働は、けっこうきついものがありましたが、しかし、「学校をサボッている」という罪悪感を薄めてくれて、内気な引っ込み思案だった少年も、都会時代とは様変わりするくらい積極性が出て来ました。

冬場、幼い弟が肺炎にかかって高熱を出すと、村の診療所へ往診を頼みに行くのも、わたしに任されました。受付のカウンターの前で、「すみませーん、お願いします」と、小一時間も声を掛け続けたのですが、あまりにも背が低かったのでだれも気づかず（と、見せかけて）、奥で酒盛りをやっている気配はやみませんでした。実際、母代わりをやってみると、社会の風は容赦なく吹き付けて来るものです。山に入って枯れ枝を一本拾ったら、無情にも村人に捨てさせられました。疎開者には入会権（村共有の山を利用する権利）がないから、勝手に拾うなというのです。海辺でアサリを掘ったら、やはり疎開者には「漁業権」がないからと、一粒残らず海に捨てさせられました。肌色も生白い都会育ちの母が、屈強な男の人に交じって、道普請（勤労奉仕）は一人前にやらされてるのに、権利の方は一つも認めないなんて、子ども心にも、ひどい差別だと憤慨しました。

あるとき、「疎開者の息子が、イモ泥棒をしている」という噂を耳にして、鬼子母神の形相で母は詰問してきました、そのころはまだ、他人さまのものを盗む知恵もなかったわたしは、絶対にやっていないと抗弁しました。「○さんのお婆さんがちゃんと見てたんだよ」と決め付けられて、わたしは愕然としました。○さんというのは、はす向かいの漁師さんの家で、日当たりの良い縁側では、人の良さそうなお婆さんが、いつもチクチク縫い物をしていました。水汲みのたびに前を通るので、会釈をしたりお辞儀をするようになりましたが、お婆さんは顔をしわくちゃにして、ほっこり笑い返してくれるのです。近隣にだれ一人身寄りのなかったわたしには、その笑みこそ救いでした。励ましでした。がんばる元気の源でした。

「そうか、あの目で監視していたんだ……」そう思うと、全身がしびれるようなショックを覚えました。

正邪がバラバラに砕けて、理不尽で没義道なパワーに打ちのめされました。その挙げ句、「よーし、そんなにイモ泥棒にしたいんなら、オレ、なってやらあ！」毒々しい不敵な闘志が湧いてきました。それからというもの、○さんの畑の畦を歩いて、畝からイモが肩をのぞかせていようものなら、すばやく掘り出す術を身に付けました。それは厨の野菜篭に放り込まれて、何事もなく食卓に載りました。それればかりではありません。沖の定置網から黒鯛を抜き取って、晩のおかずにすることも覚えました。黒鯛をシャツに押し込んで逃げてくるのですが、固い背ビレにかきむしられて、わたしの胸は傷だらけになりました。母はその事情にうすうす気付いていたようですが、もう何もいいませんでした。

「平時」なら、他人さまの畑からイモを盗むのは、りっぱな「非行」です。しかし、わたしの本心を言わせてもらうと、常々疎開者に向けて加えられた差別への仕返しの意味もあり、まんまと成功するたびに「どうだ、オレもやれるんだ！」と自尊感情がわき上がりました。抑えがたい快感でした。都会では「引きこもり」の不登校児に過ぎなかったのに、疎開先ではお母さん代わりに生活の一環を担い、あまり褒めたやり方ではありませんが、ムラ社会とわたり合う「ワル」の方法まで身に付けました。「道徳心がマイナス方向へ暴走」したのは確かですが、そんなものまでエネルギーに変えて、「平時」では望むべくもない急カーブを描いて「成長」を遂げたんじゃないか、自分史的にはそんな風に思えるのです。

道義の底が抜け、正邪・善悪が方向性を喪失した大混乱期に、若い命の迸りに聖なるものを認めた作品として、石川淳の『焼跡のイエス』を思い出します。敗戦直後の上野の闇市で、作者は一人の浮浪児を見かけます。「ボロとデキモノとウミとおそらくシラミ」のかたまりのような少年は、蠅が真っ黒にたかったムスビを一口に平らげ、女性の店員にいたずらして、飛鳥のように去って行くのですが、その直線的な生きざまに、作者は「イエス」を見てしまいます。メシヤはいつも下賎なものの上に宿り、「律法のない者」に神は味方するのです。「曠野に芽生える種族の先祖」にも似た風貌は、「焼跡のイエス」にふさわしい威厳を備えていました。翌日、作者は再び上野の東照宮界隈で、同じ少年に出っくわします。少年は明らかに作者が携えた「コペ《(ママ)》」を狙っており、二人は獣のような取っ組み合いになりますが、その上で「ボロとデキモノとウミとおそらくシラミのかたまり」の少年に、「苦患にみちたナザレのイエスの、生きた顔」をみてしまうのです。

浮浪児の顔が「苦患」にみちていたのは、戦後の途方もない混乱が刻印されていたからでしょう。彼はおそらく戦争で家が焼かれ、肉親を奪われ、ほとんど身一つで生きねばならぬ境遇だったと想像します。それゆえ彼の行いはすばしっこい置き引き・かっぱらいの類であって、「ワル（非行少年）」と非難されても仕方ない存在でしょう。ところが一歩引いて、彼をこういう境遇におとしめているのは何か、ということ、自分たちが勝手に戦争をおっぱじめて、浩子同様、家も家族も肉親も（ペットまで）奪い尽くして身寄りのない孤児にしたあげく、彼らを地下道など悲惨な環境に放置して、救済する手立ても一向に講じない「大人たちの社会」そのものでしょう。彼が「ワル」なら、こんな没義道を許す「社会」こそ、「極悪」の烙印を押されるべきではないか。生きる営みとして彼らが積み重ねるワル（非行）に、彼らにそういう行いを強いる「極悪の社会」を掛け合わせてみると、ワルのマイナスと極悪の桁外れのマイナスは、（マイナス×マイナス＝プラス）のかけ算のルールに基づき、巨大なプラスに転じてしまうダイナミズムを、浮浪児にナザレのイエスを見た石川淳の小説は、直截に表現していると思いました。

〈往復書簡⑭〉で鈴木先生は、「体験としての〈戦争〉をもたない人間は、どのようなことから〈戦争〉について態度決定したらよいのでしょうか」と問いかけておられます。「想像力によってその過酷さ、残忍さ、無機的な様を拒否するイメージをもつことだと考えます」と続き、それには文学作品にふれたり、ドキュメンタリーを視たり、体験者の話を聴いたり……と、そういう知る努力の必要性を説いておられます。その限りでは全く正しいご意見なのですが、ただ戦争体験を正直に伝えているか、何らかの作為・歪曲を含んでいないか、「伝承」の質を考えるべきときがきているように思います。

七〇年代に輩出した〈自伝的〉反戦文学の多くは、そもそもアノ戦争は間違った戦争であり、敗北することは開戦前から分かっていた。そんなアホな戦争に加担したら自分が愚か者だった証拠になる。予め戦争の実体を知っていた「賢者」(戦後感覚ででっちあげた作者の分身)を、いつも作中人物の傍らにおいて、読者に「誤った解釈」をさせないよう、話の筋を誘導する手法がとられました。こういう自己弁護・粉飾に塗れた「戦争体験」にいくら接したところで、戦争を実感するのにあまり役立たぬはずです。

具体的な例を挙げれば、戦争に負けて、長い間かぶせていた「灯火管制の笠」を外すという些細な行為の中にも、アノ戦争をどう総括したか、「戦争観」みたいなものが象徴されています。例えば、今江祥智の『ぼんぼん』では、

……電灯のスイッチをひねろうと言ったかあさんが、
——洋ちゃん、この布、とってもえやろか。

心配そうに洋次郎にきき、
――……ん、ええやろ。
少々たよりなげに、けれどきっぱりと答え、黒い布が外された。
明るかった。畳のやわらかな色とかがやきが目にしみた。
――これからずっと、こう明るうてええんやな。
かあさんがたしかめるように言い、
――ん。敗けたさかいにな。
洋次郎が答え、あわてて、いや、戦争が終わったさかいにな……と言い直した。
（新潮文庫版・P442）

と、戦争から平和へ、すっきりと軟着陸しています。前日まで（少なくともひと月くらい前までは）「鬼畜米英撃滅」を誓っていたはずなのに、そんなわだかまりも半日の間に失せ、夜には電灯（平和）の明るさを賛美しています。灯火管制がなくなったから、急に室内が明るくなった。ようやく訪れた平和の喜びを、明るい光の中でしみじみ味わった――と、この手の表現が幅を利かせ、それが今や常識になっていますが、実際に「敗戦」を体験したわたしに言わせてもらうと、無邪気なくらい安易な平和回復に、「ほんとかな」と首を傾げます。戦争（暗い）から平和（明るい）へと、截然と進行していくあたりが、「予定調和」じみていてうさんくさいのです。
海野十三という小説家の『敗戦日記』を読んでいたら、八月二十四日（天皇の放送があった晩でなく、

十日後に留意）のくだりに、

電灯の笠を元どおりに直す。防空遮蔽笠（ボール紙製）を取り除き、元のようなシェードに改めた。家の中が明るくなった。明るくなったことが悲しい。しかし光の下にしばらく座っていると、『即時灯火管制を廃して、街を明るくせよ』といわれた天皇のお言葉が強く心にしみてきて、涙をおさえかねた。（中公文庫版・P１２８）

とあります。海野家では「明るくなったことが悲しい」のです。この思いは少し注釈をつけないと分かりにくいでしょうが、「電灯が明るくなることは空襲がなくなることだ。敵機が来なければもう戦争は続かない。神国日本の勝利の日がなくなる」と、屈折する気持ちを抱いたのでしょう。「まだまだやる気」のある人もいたのです。日本が勝利する日まで、何としても戦争を続けてもらいたい、と願ったのも、四五年八月時点のいつわらざる庶民感情でした。

わたしの場合、八月十五日は、うちにはラジオもなかったので、天皇の肉声放送は聞きませんでした。勤労動員に出ていた兄が、「負けた、日本が負けた！」と、泣きながら戻ってきましたが、それでも「ウソだ、デマだ、謀略だ！」と、四年生のわたしは全く耳を貸しませんでした。その頃、「負ける」という語彙自体、国民学校生徒の頭の中にはなかったのです。その夜、わたしと母は、村の八幡さまへ「お百度参り」に行っていました。鳥居と拝殿の間を行ったり来たりしながら、大東亜戦争の必勝と、東京にいる父の無事を祈りました。その日のうちに、男はアメリカに連れて行かれて奴隷になるとか、女の人は山奥にかくれなければ危ない、とまことしやかな噂が飛び交っていたので、そういう不安もあったのかもしれません。とにかく負けてはいけなかったのです。愚かにもまだ勝利の日を信じて、その夜もがんばったのです。

たしかに生粋の軍国少年だったわたしにとって、大日本帝国が敗北するなんて、あってはならない大椿事でしたが、それにもまして世の大人たちが、あれほど金科玉条としてきた「八紘一宇の理想」や「聖戦の大義」を軽く放棄、私利私欲を剥き出しにした「道義心の逆噴射」に雪崩れ込んで行ったのは、まさに破天荒の大椿事でした。「敗戦」によって道義の天井が抜けてしまうと、公用品を私物化するのも当たり前になり、復員兵たちはヤドカリのように毛布の山を背負って帰郷して行きましたが、高級将校となると使役の兵を使って、トラックに満載して軍需物資を運び去り、後に「闇市」の資にしたと聞きました。街角ではグデングデンに酔っ払った「特攻帰り」の若者は、全身に殺気をみなぎらせた無頼漢と化し、そうかと思うと、竹槍訓練の指導をした在郷軍人の猛者が、「英会話」の本を抱えて米軍基地の周辺を徘徊する――そんな時代が来ていました。「戦争」に負けて心が荒むと、腕づくで取ったり取られたり、実力行使がモノをいうようになります。「法律」も「掟」も（そして「道徳」さえも！）、抜け駆けした者が勝ちなのです。「生き馬の眼を抜く」とでも申しましょうか、どこから何が飛んでくるか分からない、油断のならない世界に身を置くと、イモ泥棒ごときにこだわるのがバカバカしくなるほど、道義の退廃もきわまっていました。かくして「ワレラ少国民」は、大人による裏切りの悲しみの代償に、世界が一夜にして変わることを学んだのです。

敗戦後の激しい変化の中で、「神州不滅」の幻想はグイグイ色あせ、かつての軍国少年も、突如訪れた「平和」と真面目に向かい合う時が来ました。二学期になってもあまり学校へ行かなかったので、「墨塗り」授業は体験していません。昨日まで絶対的価値だった「神国日本」を、先生に言われるがままに墨で塗りつぶした子どもたちは、「価値観の瞬間移動」という稀有の体験をしたはずですが、そういう子らは授業の一環として、先生の指示に従ったまでで、「自分が戦争を応援し、参加した責任部分」を先生に預けて、おのが問題として噛みしめていないかもしれません。わたしの場合は、自力で神国を放棄したわけで、そのあたりの「戦争責任」のとらえ方に微妙な違いが出ているようです。

敗戦後しばらくして、「一億総懺悔」を、時の皇族首相が提唱しました。「戦争に負けた責任を、一億国民挙げて反省しろ」というわけです。たしかに子どもだって戦争に協力し、自分なりに「従軍シタ」自覚があるので、それ相応の責任は免れませんが、コトには軽重がありますから、「開戦」を命令した人が、一番責任重大なのじゃないか。子ども心にもそう思いました。そもそも「道義の大本」といわれた人物のためとあらばこそ、戦時下、理不尽な暴力、極限の飢餓、際限のない禁欲に耐えに耐えたわけで、どんな形でその道義的責任を果たすのか、注目しました。ところが、自分はもともと「平和主義者」だったが、憲法の規定を守って心ならずも「戦争」してしまった――と、すごく分かりづらい釈明をしただけで、戦争責任の方はウヤムヤにしてしまい、後は底無しの責任のなすり合いになりました。こんなことを国民学校の教室でやったら、鬼教師からビンタを食らって食らって、張り倒されるに違いありません。「捕虜になるくらいだったら、自分で死ね」と教えた元首相の将軍は、自殺し損なって占領軍の法廷に引き立てられました。

女優の岸恵子さんは、少女のころ、横浜大空襲に遭遇、街の防空壕に入れてもらおうとしたのですが、どこも満員で追い払われ、木によじ登って戦火を避けながら、「もう大人なんて信用しない、絶対に……」とつぶやき続けたそうです。往時のわたしも、大人の身勝手にはホトホトあきれ果てたことが、再三ありました。「ワレラ少国民」世代は、親の庇護なんか期待しないで、己の才覚で切り抜けて行く知恵、「社会」といかに関わるかを身に付けていきました。戦火の中でも、ちゃんと「成長」したのです。そういう眼で大人たちを見返してみると、子どもにも及ばぬ品性の低さ、無責任、わがまま、私利私欲、公共心の欠如……いろいろな面が見えてきます。それを身長一メートル二〇センチの子ども目線で、わたしは凝視してきました。戦時中、「戦争をやれやれ」とけしかけておきながら、戦争に負けて進駐軍がやってくると「自分は平和主義者でした」と平気でウソをつく、子どもをなめてかかった大人のだましに、「その手にはもうのるもんか」と、いつしか身構える姿勢を覚えたのです。

*

敗戦の翌年（一九四六年）、東京の小学校に戻ってきたわたしに、新しい歴史教科書『くにのあゆみ』が手渡されました。その冒頭に「この国土に、私たちの祖先が住みついたのは、遠い遠い昔のことでした」とありました。戦後の教育を受けた人には何の変哲もない、当たり前のことでしょうが、戦前、「国史」教育を受けた者は、「高天原の神々の子孫によって、この国は治められた」と学んで来ました。つまり自分が神々の子孫でない以上、生涯歴史に関わることなく、どこまで行っても「神々に治められる対象」でしかなかったのです。ところが『くにのあゆみ』では、「私たちの祖先」が歴史の主役になりました。神々でなくフツーの人間が、わたしたちにつながる等身大の人々が、この国の歴史を拓いたと教えてくれたのです。

更に新制中学に進学すると、文部省（現在の文部科学省）が編纂した『あたらしい憲法のはなし』という副読本を与えられ、そのころ（一九四七年）に施行された新憲法について学習しました。そこで再三強調されたのは、「国民ぜんたいがいちばんえらい」主権在民主義でした。新憲法は「みなさん（中学生）をふくめた国民ぜんたいのつくったものであり」、「みなさんは、日本国民のひとりです。主権をもっている日本国民のひとりです」と、力強く訴えていました。「国民全員でこの国を治めてゆく思想——民主主義」に初めて出会った瞬間でした。それまで天皇陛下の家来（赤子《せきし》）として、どんなに無茶な命令（例えば命を差し出せというような）にも服従させられて来ましたが、自分がこの国の主人公になったからには、もうその恐れはなくなった。「戦争は絶対にしない」と定めた第九条もうれしかったけれど、「これからは自分のことは自分で決められる」と知り、気持ちがすごく高揚しました。にわかに未来展望が拓け、人生が輝いてみえました。皮肉なことに、戦争に負けたことでかちえた最大の喜びでした。


——わたしたちの祖先がこの国土を拓き、わたしたちの一人一人がこの国の主人公になる。

これが戦火をくぐり抜け、廃墟の中で確かめた、アノ時代を生きた子どもたちの「総意」でした。その思いを後続の子ども世代に確実に手渡そうと、わたしは児童文学を志したのですが、敗戦から七〇年の歳月を経て、残念ながら「ワレラ少国民」世代の痕跡は、日に日に薄くなるばかり……この日本も「国民の一人一人が主人公になる」どころか、「平和憲法」や「民主主義」をあからさまに蹂躙して、再び国民そっちのけの「富国強兵」の道を辿ろうとしています。児童文化の中でも、格別非力な児童文学はあえなく衰亡か……との危惧さえ頭をもたげてきます。
さりながらわれわれは、文学による「抵抗」をやめるわけには行きません。すでに石川淳の『焼跡のイエス』、佐野美津男の『浮浪児の栄光』、西村滋の『お菓子放浪記』などに登場する、戦後の焼け野原を駆け抜けた面つき逞しい子どもらを創造してきました。敗戦時、いったん切り捨てたはずの「過去」が、「未来」の方角から引き返してくる「怪異現象」に立ち向かえるのは、時には「ワル」に走り、人を欺す世智にもたけ、「ボロとデキモノとウミとシラミのかたまり」になりながらも、しぶとくしたたかに生き延びたアノ子らではないか。たとえ周辺からどんなに踏みつけられようと、ガンと跳ね返す「子どもの底力」が、今こそモノを言うのじゃないか。いや、モノ言わせてもらわずばなるまい——老爺の繰り言と笑われるかも知れませんが、そういう切なる願いに突き動かされて、八〇歳に手が届こうとしている今も、わたしは児童文学と向き合っているのです。

さねとう　あきら

二〇一四年九月九日

あとがき

元・小学校長の畏友市田弘之氏から、「国語教育に熱心に取り組んでいる逸材がいるが、会ってみないか」と紹介されたのが、鈴木清隆先生だった。

最初に「子どもたちに〈連歌〉を作らせる授業の実践記録」を拝見したが、「連歌」という古典に子どもがすっかりはまって、上の句と下の句とのキャッチボールが、生き生きして楽しいのである。言葉の背後から、いろんな表情や姿態が見え隠れして、溌剌とした授業ぶりがしのばれた。と同時に鈴木先生は、子どもとの距離をきちっとわきまえていて、「教師」として信用できた。

自作を国語教材にしてもらって、クラス単位で子どもたちから「感想文」をもらうこともあるが、教師が授業を仕切りすぎると、子どもは平板に物語の梗概を書いてくる。自分の感想が持てないのである。ところが「自由な読み」を奨励する教師にかかると、各人各様、ユニークで多彩な読みを展開させ、教室に充満した熱気を伝えてくれる。物語から離れて、家族のこと、友だちのことにまで話が及び、なかには「さねとうさん、オレ、友だちになってやるよ」と、傑作な申し出をしてくれた猛者もいた。七〇年を隔てた友情である。

児童文学者のなかには、自作が集団授業の教材になって、オープンスペースに持ち出されるのを、好まぬ向きもある。読書は雑音の入らぬ環境で、一対一が基本だというのだ。わたしは児童演劇出身なので、子どもがわいわい騒いでいる「現場」に作品を置かないと、どうもしっくり来ない。児童文学の表現行為は、子どもの心に届いてこそ、はじめて完結すると考えてきた。経験豊かな鈴木先生ならば、子どもの読みと切り結んだ、活きのいい反応が聞けるだろうと、楽しみにしていた。

ところが、いざ書簡の交換をしてみると、先生自身が一途に作品を掘り下げてくる、稀に見る「良い読者」であることが判明した。子どもの反応よりも先に、先生ががっぷり食らいついてくるのだ。初めは練達の国語の先生と思っていたが、その読みはあくまでも若々しく、だんだん新任の先生、そのうち教員志望の学生と語り合っているような錯覚に陥った。理解度が浅くなっていくのではない。貪欲にあらゆる問題を注ぎ込んで来るところが、良い意味で「青年っぽい」のである。情熱家なのだ。

教えられることの多い書簡交換だった。《書簡⑩》で「子どもたちが自分の〈身体〉と出会っていない」との指摘、あるいは「想像力がマイナスに働く傾向」など、今の子らを取り巻く環境の劣化には、ただならぬものがある。〈書簡⑦〉では「教育に関わる人の〈物事を考え、つめようとする力〉の衰え」に触れ、「児童文学作品を素材とした批評活動の低迷」により、「〈教育の場〉に批評活動の熱気が届いていない」と喝破する。児童文学に関わった人間としても全く同感で、「申し訳ない！」と謝りたくなった。

また同じ〈書簡⑦〉で、わたしが五年生の三学期用にと書き下ろした『バレンタインデー』についても詳細な検討を加え、「〈いじめ〉は導き手や援助者がいれば、行為によって越えることができる」とのメッセージに要約してくれたのは、「作品論」として完璧だった、積年、この作品が教科書不採用になったことにこだわり続けたわたしにとって、喉に刺さった骨が抜けた思いがした。「作者として教育的に扱われることを見越していたのだろう」との指摘はまさに図星で、教育者がこの手の教材をどう扱うか、瀬踏みのつもりもあったのである。

その他、〈書簡⑤〉では、『念仏三昧』の子守に忙しくて死ぬに死ねない老婆の、〈死〉への道行きがいつのまにか〈生〉の道行きに転換してしまう不思議さを、「メビウスの輪」と表現してくれたが、そのものズバリの名言で、以来わたしも「輪廻転生」の説明に、鈴木説を援用させてもらっている。〈書簡⑬〉においては、『神がくしの八月』に登場した川井浩子の〈神聖さ〉に触れて、「徹底して奪われる者」を『ヨブ記』まで引用して解明、わたしが創造した少女を、壮大な宗教的地平に導いてくれた。感謝にたえない。

さて、《書簡⑧》の末尾で、わたしは唐突に〈狐三代〉と〈中国人三代〉に触れる予告をしておきながら、健康問題に難があり、約束を果たせなかったのは、残念至極である。大正、昭和初期、戦後と、児童文学百年の変遷を、賢治の『雪渡り』と南吉の『ごんぎつね』、それにわたしの『おこんじょうるり』の〈狐三代〉、同じく賢治の『山男の四月』に南吉の『張紅倫』、それに拙作『ばんざいじっさま』を加えた〈中国人三代〉を並列して、私情をまじえず努めて客観的に論じようと、かねてから計画していたのだが、わたしの身体の都合で挫折してしまった。賢治からわたしに及ぶ膨大な作品の堆積の中で、後者は常に先人を凌ごうと不断の挑戦を続け、児童文学の質の向上と深化を図ったことを理解してほしかったのだが。

また《書簡⑮》は、本書の上梓寸前に書き上げたものである。本来、〈書簡⑭〉の呼びかけに応えて、すぐにでも書くつもりだったが、体調に加えて「尖閣問題」「集団的自衛権の容認問題」などが起こり、容易に視点が定まらなかった。「時代」の方が、わたしを追い抜いていったのである。

なお、本書の「解説」を根本正義先生にお願いしたところ、思いもよらぬ長文の論攷を寄せていただき、びっくりしている。東京学芸大学の名誉教授で国語教育の泰斗と言うべき先生が、一介の児童文学者の提言に真摯に耳を傾けられた上に、克明で適切な分析まで施していただき　身に余る光栄だった。深甚な謝意を表したい。願わくば、次代を担う若い先生方にわたしの理想を共有してもらい、子どもの読みを尊重した活気のある「国語の授業」を展開することで、いささかでも「教育の正常化」に貢献できたら、これに勝る喜びはない。

さねとう　あきら

二〇一四年十一月　落ち葉舞う武蔵野の寓居にて

解説　教育の正常化への問題提起

――教師のあり方の再考、学ぶべきこと多大――

根本正義

本書は、児童文学者・劇作家のさねとうあきら氏と、国語教育研究者・詩人・元小学校長鈴木清隆氏との往復書簡を集大成したものである。書名の通りまさしく『対話――児童文学と国語教育をめぐって』では、二つの分野への斬新な問題提起がなされている。

かっては児童文学者と国語教育の教師、相互の提案・提言などなされたがことがありました。しかし、いつの間にか両者はまったく無縁のもの、という認識が定着してしまった。児童文学は小学校の教師にとって、教科専門であるはずなのに忘れられてしまっている。教員養成大学から児童文学の講義科目が消えてしまった。このような現実を目の当りにしている私にとって、児童文学と国語教育の融合、その必要性を痛感している今、本書に出会ったことはうれしさも一入である。

鈴木清隆氏はさねとうあきら氏との対話で、読者としての子ども・教科書と児童文学作品、こどもの・ことばのもつエネルギーなどについて考えたいと、さねとう氏に問いかけた。

それに対してさねとう氏は、児童文学とは何か・語りとは何かについて、氏の個人的な見解を明らかにしている。さねとう氏の見解は決して個人的なものではなく、まさしく国語教育の普遍的な課題であり、小学校の教師が真剣に考えなければならない課題でもある。氏の見解は作家の立場からなされているわけだが、作家をそこまで追い込んでしまった小学校教師（もちろん親を含め、あるいはマスコミを含めてだが）は、この問題について今こそ真剣に考えねばならない。それは、読書のありようと文学教育のありようにかかわっている。

この問題について、さねとうあきら氏は児童文学のありようにかかわって、往復書簡②で、次のように書いている

作者が自由に発想し作品化したものを、読者が自由に選択して、自由な感想を得る――という近代文芸の定式に、児童文学に限って「教育」なるファクターが介在、作者と読者の自由な交流を阻害してやまないのです。「わたしの三〇年に及ぶ作家的営みは、教育的指導配慮との妥協なき闘いであった」と、かつて悲嘆の心境を述懐したこともありましたが、そもそも作者と読者の間に夾雑物を介在させることが文学としての未成熟を物語っており、その自立を妨げ続ける要因にもなっているのです。これは作者を不幸にすると同時に、読者をも不幸に追いやり、児童文学を覆う影を深くしています。

児童文学に限って「教育」なるファクターが介在、作者と読者の自由な交流を阻害してやまぬ、いびつな形が定着しているから、児童文学全体を覆う輝きの失せた不幸の影を深くしていると、さねとうあきら

氏は断じている。このような情況を形成してしまったのは、決して児童文学界の内部の問題ではない。読者のありように対する外圧が教育界に浸透し、それがそのまま児童文学者のありようにも影響したものと考えられる。その外圧とは、一九五〇年代から繰り返し行われた悪書追放運動である。この運動が確実に二十一世紀の今、定着してしまっている。

外圧が内圧になり、それに対して三〇年にわたって、教育的配慮との妥協なき闘いを続けた、さねとうあきら氏の作家活動に敬意を表したい。さねとう氏はさらに次のように書いている。

　文学表現の大前提には、何よりもまず自己を偽らぬ「誠実さ」——全面的自己開示なくして読者の信頼は得られないはずですが、児童文学の場合、社会的要求として、子どもに対する一方的な「道徳訓話」を求められがちで、作者は自らを聖人君子になぞらえ、およそ身にそぐわない、空疎なお説教の一つでも垂れねばならなくなります。日常のおのれとは無縁の、一つも悪を為さぬ、善行の固まりを演じるのは、途方もない苦痛にはちがいありませんが、そんなウソに付き合わされる読者（子ども）にしてみれば、もっと絶望的です。

児童文学は文学の一ジャンルだとさねとう氏は述べておられる。その通りなのだが、それを忘れて子どもを不幸にし、絶望的にしてしまった悪書追放運動と、それに連動した読書指導のありようこそ反省し、再考する必要があると私は考えている。

子どもを絶望的にしてしまっているという現実は、児童文学研究を狭小化してしまっているということにも関連しているようにも思われる。それは絵本の研究が主流を占めているように思われるからだ。では、さねとう氏の絵本が研究対象になっているかといえば、否である。鈴木清隆氏が話題にしている、絵本『死なずのお六』が研究対象になったことは無い。教育的配慮による国語教育のありようとも関連しているのだろう。

このような情況を踏まえて、と私なりに解釈しているが、さねとう氏は鈴木氏に次のように問いかけている。

作者は作品におのが人生の全てをかけて立ち向かい、読者である子どもも、幼少ながらおのれの生い立ち、生きざまをかけて読むのが、ごく自然で当たり前の文学的営みと思います。先生のお便りの中にあった「教育という行為は（教材）を媒介としてこどもたちを相わたる仕事です」という、わたしの大好きな一節を借用させていただくならば、「教育」を「文学表現」に、「教材」を「作品」と置き換えれば、わたしの痛切な思いを伝えるのに十分でしょう。そうです、まさに相わたるのです！一対一の真剣勝負、ガッキとわたりあうのです！　この爽快さをいったん味わってしまったら、作家稼業、もうやめられません！

作家の側に「教育」を「文学表現」に、「教材」を「作品」に置き換えて考えたい、という痛切な思いによるさねとう氏の作家活動がある。小学校教師は作家のこの思いを真摯に受け止めて、教育活動を行うべきだ。特にそのことを強調しておきたい。

伝記であれノンフィクションであれ、作家はさねとう氏と同じ思いで作家活動を行っているはずだ。国語教科書からノンフィクションが消え、薬の効能書きと同じ説明文という教材が、蔓延に蔓延し定着してしまった。このままで良いはずがない。なんとかしなければと考えているのだが……。

私は一九八〇年に東京学芸大学で国語科教育の講義を担当することになった。私の研究の基盤は児童文学研究であった。そんな私に、根本さん児童文学は国語教育ではないからねと、研究への駄目押しの声がかかった。そうではない小学校の国語教育は、まさしく児童文学と関わっているのだと、そう考えて今日まで研究を続けてきた。

東京学芸大学では半世紀以上にわたって、児童文学の講義が行われてきた。私の定年後その講義が消滅しかかったが、昭和文学研究の教授の尽力で免れた。さねとう氏は、

（将来は教職課程の中に、「児童文芸学」を取り入れるべきでしょうね。良い教師が育ちそうな予感がします）

と提言している。まさにその通りだ。今からでも遅くはない。全国の教員養成大学に児童文学の講義を復活させる必要がある。あるいは児童文芸学の講義の開講が必要だ。

さねとう氏の種々の考えに対して、鈴木氏は教育的配慮の問題についての氏の考えを往復書簡③で次のように書いている。

それは、狭い意味での学校教育を意識した「教育的配慮」に限ったことではないだろうというのがわたしの受けとめ方です。なぜなら「教育的配慮」とは、子どもたちの手元に作品が届くまでに関わる〈大人〉や〈制度〉の意思の総体と考えるからです。親も教師も教科書も編集者もそして実作者もこの意味での「教育的配慮」に責任無しとはいえない。もちろん、その質的な差異はきちんと区別されなければなりません。しかし、検討にあたって前提となるのは、自己批評、自己批判を内在した意思であるかどうか。またその質が問われなければなりません。

さねとう氏と鈴木氏は共通の土俵の上で、往復書簡を交わしていることから話題や課題が深められている。その意味で、この往復書簡は多くの示唆に富んでいる。

鈴木氏は教育的配慮について、小学校の国語教科書の「検定の基準」に触れ、教材選択の基準は、明るく・強く正しく・生命尊重・思いやる心・愛する・美に感動する・文化と伝統・国際協調、というこれらの語彙に集約されているとまとめている。

また、鈴木氏の「〈教育〉は両方［「児童文学」と「語り」］と関係しながら、その中間にある創造的行為だというのがわたしの主張です」という問題提起に対して、さねとう氏は自身の考えを往復書簡④で次のように述べている。

あえて強引に、先生のご提言を児童文芸学風に読み解いてみますと、こういうことになります。「教師は、作品をくぐりながら（教育用語では「教材研究」と呼称しています）、自分の内発的な〈語り〉にまで深める」とある部分は、教師自身が、所与の教材を媒介に、みずからの生い立ち・生きざまをあぶり出すほどに、読み深めていかぬ限り、全人格を反映させた、個性的な読み取りは不可能だろう――わたしはとっさに、このように理解しました。国語教育については半知半解のわたしですが、「教材研究」という用語から受ける印象は、〈作者の作意にたどりつく〉作業ではないか――事実、わたしのところへ、作品を書いた意図を訊ねてこられた教師の方もあったので――と受け止めがちだったのですが、先生は「内発的な〈語り〉」の概念を投入することにより、国語教育のポイントを、作者の作意から教師の内面へと、鋭角に旋回させており、ハッとしました。

さねとう氏は「教材研究」という用語から受ける印象は、〈作者の作意にたどりつく〉作業ではないかと受け止めがちだった、と述べているのはまさにその通りで、今、国語教育に必要なのはそこからの脱皮なのである。多くの教師が教材研究で作者の作意（意図）を探ることに躍起になっている。文学教材はもともと作品として創作されているのだという認識が現場教師に欠落しているからだ。だから、さねとう氏の提言である教職課程の中に「児童文芸学」を開講すべきだ、ということが必要なのだと私も考えている。

この往復書簡で話題になっている教育用語についてだが、「教材研究」という用語は私の管見する範囲内で言えば、昭和十年代から使用されている。このころは文学教材は文学作品として創作されているという確かな認識があったから、作者の作意など考えられなかった。しかし、今日ではそういう方向になってしまっているのは嘆かわしい。

非常に問題なのは教育用語として定着してしまった、「物語」という用語についてである。この往復書簡で話題になっている「語り」についてだが、教育用語として定着してしまった「物語」の定義を、そのまま信じ込んでいる教師たちには理解できない。「語り」こそ「物語」そのものなのだという認識が、現場教師には理解できないからだ。教材はもともと作品なのだという認識がないからだ。

これも管見する範囲内のことだが、誤った定義を蔓延させた元凶は、輿水実著『新国語科教育基本用語辞典』（明治図書　一九八一）だといえる。平安時代から室町時代にかけて書かれた物語文学と、坪田譲治の『善太と三平の物語』や下村湖人の『次郎物語』などを同列に論じているのである。書名に物語という用語が使われているということだけで論じているのである。

その結果、〈語り〉という要素をもった〈物語〉という認識のないまま、「物語」とは「お話」あるいは「読み物」ぐらいの意味に解するのが妥当であり、厳密な文学形態の一つを意味する術語ではなく、通念的にその概念が了解されている現場の教育用語という定義が定着してしまった。由々しい問題である。「物語」をその源流に遡って考えるなら、文字以前の口承の形態に行き着かざるを得ないのである。詳細については学習指導要領の問題点も含めて、拙著『国語教育の理論と課題』（高文堂出版社　一九八七）で論じておいた。

さねとうあきら氏は教材をどのように読むか、教材とどのように向き合うかについて、鈴木清隆氏の提言を踏まえ、共感したということを前提に、自身の国語教育に対する考え方を次のように書いている

貴著『ことば遊び、五十の授業』などを拝読しておりますと、このような先生に出会ったら、どん

なに楽しい国語の時間が過ごせるか、わたしも生徒の一員に加えてもらいたくなります。単純な「しりとり」に始まり、「あいうえお」で体操したり、「かっぱの輪唱」もあれば「漢字のしりとり」もあり、「謎かけ遊び、「ファンタジー」「物語」「新聞記事」と、片っ端から「遊びの教材」にしてしまう自由奔放な発想！　「金魚」と「学習帳」といった、異質なコトバとコトバの間に走る連想の火花！　日常あり得ないコトバ遣いや文章作りが織りなす「スズキ・ランド」の面白さに、子どもたちのボルテージは上昇する一方でしょう。しかも、夢中になってコトバとふざけ合い、じゃれ合ううちに、ちゃっかり「国語の基礎」まで学ばせてしまう周到さ。子どもらにまみれてコトバのキャッチボールをしながら、教師としての目は、選んだ語彙から透けて見える、子どもの内面、子ども相互の人間関係にまで鋭く注がれ、まさにコトバの魔術師、鈴木先生の面目躍如ですね。

それでも日本中、こんな先生ばっかりだったら、もはや申し上げることもないのですが、やはり○×式テストの影響でしょうか、「国語の授業」といえば自分の実感なんか抜きにして、教師が用意した正解に、だれが要領よく迅速にたどりつくか、作品の作意の「当てっこゲーム」になっています。果たしてこんな授業で、子どもの読解力の向上、コトバによる表現力が育つだろうか、甚だ不安です。教師が独自の読み取りをし、それをバネに子どもたちも独自の読みを返していく授業。十人十色、百人百様の読みが、時には共感、あるいは反発しあいながら、やがて渾然一体となって、クラス独自の（集団読み）に昇華していく……わたしが理想とするこんな授業は、少数の例外なのでしょうか。

さねとう氏のこの指摘は未だに解決されてはいない。本書の読者はさねとう氏と鈴木氏の書簡をじっくりと読んでみる必要がある。さねとう氏の指摘にあるような体験を、中学校一年生の時に受けて、大学の三年次までそのイヤな体験を持ち越していた学生がいた。子どもを不幸にしてはいけない。子どもに教師はどのように向き合っていけばいいのか、本書は多くのことを示唆してくれている。

また、柳田国男の『遠野物語』をめぐるさねとう氏の見解と、氏の『死なずのお六（念仏三昧と改題）』と『地べたっこさま』所収の「かっぱのめだま」「おこんじょうるり」等についての氏の思いは、現行の『小学校学習指導要領（国語）』及び『中学校学習指導要領（国語）』に新設された「［伝統的な言語文化と国語の特質に関する事項］」について考える上で重要だ。

伝統的な言語文化について考えさせる教材として、即神話ということで教材化されているが、もっとその本質から考えるべきだ。新設された事項は、学習指導要領が改定されても継続されていくはずだ。その意味でじっくりと考えるべきである。伝統的な言語文化はまさしく語りそのものに他ならない。それは民衆の心、即ち日本人の心なのである。

往復書簡⑤で鈴木氏はさねとう氏にあてて、「死なずのお六［念仏三昧］」「風婆んば」「おこんじゅうるり」の作品論を書き送っている。ここには鈴木清隆氏の文学作品を読むということについての真摯な姿勢が貫かれていて、多くを学ぶことができる。文学教育に関わっている教師のみならず、全ての国語科教育に関わっている教師は、このような鈴木氏の姿勢を学ぶべきである。

鈴木氏は三作品の分析のまとめとして次のように締め括っている。

三作品ともメビウスの輪の構造と心身の矛盾の構造と喪失の構造の三つが入り組みながら物語を構成しています。この三つの構造は現在の様々な課題にもつながっています。

わたしは三十五年間を公教育の現場で過ごさせてもらいました。子どもたちにとってもメビウスの輪の構造と心身の矛盾の構造と喪失の構造の三つは徐々に避けて通れない課題となってきています。特に心身の矛盾の構造は深刻です。ひきこもり、いじめはその現象は正反対ですが、心身の分裂に翻弄され、社会を自分の内面に繰り込めない点で同じ課題の表裏ではないかと考えてきました。〈教育〉はこの課題を正面からうけとめ、社会と関わる精神をどう育てるかを環境やカリキュラムとして構想することを求められています。実態はその逆に進行しており、問題が深刻化していくばかりです。
さねとう様の〈創作民話〉は、こうした時代の課題を真っ正面から受け止め、確固とした生き方を提示しているのではないでしょうか。もっとも当てにされなくなった婆が、自ら行為を選び取ることで再生していく。その過程と知恵を三作品が力強く形象化しているように思います。

これはさねとう氏に宛てた書簡③で書いていた、鈴木氏の次のような主張の論証だといえる。

〈教育〉は両方〔「児童文学」と「語り」〕と関係しながら、その中間にある創造的行為だというのがわたしの主張です。
教師は、作品をくぐりながら〔教育用語では「教材研究」と呼称しています〕、自分の内発的な「語り」にまで深めることで、はじめて他者としての〈こども〉と出会うことができるようになります。そして、そのレベルで〈こども〉と出会うことができるようになると〈こども〉と〈こども〉の関係が「語り」のレベルで視えるようになります。このことは、文学作品を扱う場合にかぎりません。数学や物理の概念や操作〔実験〕を教材として扱うときでもおなじことがいえます。自分の実感なしの説明では〈こども〉を把握する余裕につながりません。

鈴木清隆氏が往復書簡③で、さねとうあきら氏に宛てて教科書検定の基準と教育的配慮について書いたことに対する、さねとう氏の返信が往復書簡⑥である。教科書検定に対する鈴木氏の見解について、「教師サイドの自己批判としては誠実、先生のように国語教育の優れた実践者の言は、文学の精髄に迫る真実をもののみごとに言い当てていると、感服いたしました」と賛意を表した上で、次のように書いている。

ただし社会制度としての〈検定〉は、行政の過度の介入によって、教材選択を政治的に歪めて来たように思えてなりません。文部省のかかげる教材選択のガイドラインが、「明るく」とか「清く正しく」といった上辺のきれい事を羅列した作品に偏らせ、「闇・弱さ・不正」といった陰の部分も含む立体的な文学構造をもった作品を排除する根拠とされてきたのは、半世紀近くの作家生活を通じて体感した、まぎれもない事実でした。

社会制度として確立している検定制度を改革するためには大変な労力が必要だ。しかし、教師が教材としてしか考えようとしない、現在の教育現場の意識を変革することによって、子どもを不幸のどん底から救うことができる。教材はもともと作品として創作されているのである。

鈴木氏の往復書簡⑥とも関わるわけだが、文学作品の陰の部分がひきこもりやいじめの問題を解決する手だてを、子どもたちに教えてくれるはずだ。文学がある意味解決してくれるわけで、子どもたちは多くの文学作品にふれる必要がある。それは読書指導のあり方に関わる、教師のありようの問題でもある。

さねとう氏は教科書の検定に関連する、教科書批判にふれている。

一九八〇年に自民党が反戦平和教材と民話教材を批判した問題である。これに対して、安藤操著『国語教科書批判』（三一書房　一九八〇）と、日本児童文学者協会編『国語教科書攻撃と児童文学』（青木書店　一九八一）が出版された。しかし、国語教育界の反応は一切無かった。

この問題に関連する書簡が、さねとう氏の往復書簡⑧である。ここでは自らの創作民話としての作品、一九七二年に創作した『地べたっこさま』を踏まえて、その後の動向について書いている。そして、二〇〇〇年の到来とともに民話の気配も消え、松谷みよ子・齋藤隆介・さねとうあきらと受け継がれてきた「創作民話」の伝統も、もはや前時代の遺物と化していると書いている。

創作民話であれ、伝承民話であれ、伝統的な日本の言語文化である。前述したように、現行の学習指導要領の小学校国語（二〇〇八・三告示　二〇一一・四施行）・中学校国語（二〇〇八・三告示　二〇一二・四施行）・高等学校国語（二〇〇九・三告示　二〇一三・四施行）に、「伝統的な言語文化と国語に関する事項」が新設された。

この事項に関わって文部科学省は文学研究（児童文学研究も含）を踏まえて、そのありようの検討の必要性に迫られているはずだ。検定基準を具体的に示す必要があるように思う。

さねとう氏の往復書簡⑥は教科書批判のあった一九八〇年に国語教科書に対する批評を、某大手出版社からの依頼を受けて三点ほど、教科書編集で欠落している要素を伝えた。第一点は、戦争を扱った教材が被害者意識に偏りすぎて、往時の子どもや庶民も欣然と戦争に参加していった〈加担〉の側面を描いた作品がほとんど皆無であること。第二点は現代の子どもが直面している問題がほとんど出てこないこと。第三点はナンセンス――想像力による遊びの要素が乏しいのではないかということ。

これは小学校の国語教科書の全てに言えることで、由々しき問題だと私も考える。さねとう氏は、戦争物では『東京のぼっこさま』を、現代の子どもが直面している問題では、五年生の三学期をイメージして、〈いじめ〉という現在も緊急の問題に正面から立ち向かった『バレンタインデー』を創作した。

この作品について、教科書掲載を視野に慎重に検討した結果、某大手出版社内部の検討会で、教育現場の教師から強硬な反対にあって不採用になった。その理由は現場の教師を愚弄するような作品を、教材にするわけにはいかないとのことだった。さねとう氏はさらに愚弄という言葉が使われたかどうか記憶が定かではないが、教師の立場をないがしろにしているという主張をそう捉えたと記している。

この不採用の理由は、まさしく教育とは何かという、本質的な問題を孕んでいる。さねとう氏は、

教師は全的に子どもたちを把握している、という前提に立つならば、こんなとらえ方ができるかも知れません。二十五年前の教育現場の認識はこの程度だったようで、このような自信過剰が、いじめ事件が発生するたびに「自校には一切いじめはなかった」と、オウム返しに否定する根拠なのかと思い至りました。部外者からみると、いささか見当違いの抗弁を学校側は頻発しますが、そのわけが

やっと分かりました。鈴木先生は校長先生経験者ですし、わたしの受け止めとは違った見解をお持ちになるかも知れませんが、教師に気付かれるようなヘマを、そもそも陰湿で老獪ないじめっ子たちが犯すはずもなし、逆に教師が全面的に子どもたちの実情を把握していたとしたら、四半世紀もの長期間にわたって、いじめが蔓延することもなかっただろう。子どもの気持ちを代弁する児童文学者としては、そう思わざるを得ません。

二十五年前も現在も教育現場の実情は、変わってはいない。さねとう氏の認識は正しい。教育する側(教師の側)からは、絶対にこのような問題点の指摘がなされることはない。教育委員会は第三者委員会に検討を委ねず、また〈いじめ〉で苦労している教師も、これらのさねとう氏の指摘を真摯に受け止めて、いじめ対策を再考してみてはどうだろう。さまざまに提言されているいじめ対策は、対処法であり事後処理対策のように思える。

いじめの問題を扱った氏の『バレンタインデー』が、不採用になった理由にかかわって、さねとう氏の『なまけんぼの神様』批判という方向から、素朴な教師愛をひっさげて灰谷健次郎の『兎の眼』が登場したとさねとう氏は論じている。さねとう氏と灰谷健次郎の児童文学観は本質的に異なる。

灰谷文学が教科書選択の基準、あるいは子どもたちの読書のための作品選択の基準になっているように私には思える。そこからの脱皮が今必要のように思える。

これらのさねとう氏の問題提起に対する、鈴木氏の返信が往復書簡⑦である。さねとう氏の教育の衣を着ることで傲慢に陥る危険性について、鈴木氏は自らの考えを次のように書いている。

わたしは〈本当に教えたいことはあるのか。それはどのようなことか〉という問いに捕らえられました。そして、その後たいへん苦しい年月を過ごさざるを得なくなりました。教育の技術や技能を身につけるだけでは内面の安定を得られなくなってしまったのです。しかもこの問題は他の誰にも相談できない難しい悩みとなりました。しかし、わたしが〈教育〉の衣を着て傲慢に陥る危険性からある程度逃れることができたとすればこの問いに捕らえられたことがその端緒です。（中略）

まず、教育に関わる人の〈物事を考え、つめようとする力〉の衰えということです。次に、物事を突き詰めて考えた人も、それを〈社会に訴え、交流する場所と手段を持続的につくりだせなかった〉のではないかということです。

ところで、この事態の背景は複雑です。（中略）

作品批評活動の衰退が〈物事を考え、つめようとする力〉の衰えと関連しているという視点からこの問題を考えてみます。

鈴木氏のこの問題提起は、大学における教員養成のあり方とかかわる。鈴木氏は「教育の技術や技能の向上によってでは内面の安定を得られなくなってしまった」状態から、「〈教育〉の衣を着て傲慢に陥る危険性からある程度逃れることができた」と書いている。しかし現在の教員養成のあり方から、そのことに気づくことができる資質を、どれだけ身につけられるのかは不安が一杯である。

十数年前から〈教育の技術や技能の向上〉を目指した教員養成が行われ、その方向が定着している。東京学芸大学のありようを見てみよう。『学芸国語国文学』第46号（東京学芸大学国語国文学会　二〇一四・三）は「大熊徹教授・関谷一郎教授退職記念号」である。この記念号に、千田洋幸氏が「大熊徹先生と国語科の時間」と題して次のように書いている。

国内外に大きなテロ事件が二度あり、大きな震災が二度あり、そのたびに日本社会の決定的な変容が語られた。大きな規範や共同体意識が崩れ落ちて、皆が小さな島宇宙にこもるようになる―そのような社会への変容。それに呼応するかのように、この大学自体が、教科専門（国語科で言えば日本語学、古典文学、近代文学、中国古典学など）重視から教科教育・教育科学重視へ、「高い知性をもつ人間の育成」から「優れた職業人としての教員の養成」へとシフトしていった。教師と言う仕事の基盤となるさまざまな理論や思想よりも、現場に出て役に立つスキルとメンタリティの獲得が求められるようになった。特にこの十数年での変化は大きなものがあったが、それにつれて、学生たちの気質もかなり変わったように思う。学芸大が、あるいは国語科がそのように変容していく姿を見て、先生はどのように感じておられるだろうか。

このような東京学芸大学の変容は、全国の教員養成大学にみられる傾向である。私が在職していた当時は、国語科では教科教育と教科専門が一体となって教員養成に当ってきた。だから教師という仕事の基盤となる、さまざまな理論や思想を身に付けて、教育界に出て教師としての仕事を全うしていた。

現場に出て役に立つスキルとメンタリティの獲得を核とした、教員養成が行われるに至って、作品としての認識がさらに薄められ、教材としての認識が色濃く教師に反映している。そのことが鈴木氏の指摘している、作品批評活動の衰退をもたらしたと言えまいか。その結果として〈教育〉の衣を着て傲慢に陥っている教師が増加すると考えられる。まさしく教員養成大学の病弊が、今、顕著に表われているわけだが、そのことに気づくのにあと何年かかるのだろうか。

中央教育審議会の答申に基づいて、道徳の時間が格上げされて、特別の教科として検定教科書が導入され、二〇一八年度に教科化されるという報道があった。各教科もそうだが、道徳教育こそ、教師の教育技術や技能だけで成果を上げることはできない。学校教育は人間の教育なのだ。教師に求められるのは高い知性のはずなのだが、その点がないがしろにされている現実は、まさしく教員養成における病弊の何ものでもない。特別の教科としての道徳の時間の教師の資格は、どのように考えられるのだろうか。

教員養成における国語科教育法は、指導案の書き方と学習指導要領の解説、そして模擬授業の指導にあると、多くの大学教員が考えているという現実がある。私はそこからの脱皮を目指して研究を続けてきた。二〇一四年の今、その壁を壊せずに悩んでいる。道徳の教科化に関わって、教材の定番化を模索することはやめてほしい。国語教科書の教材が定番化して定着することに、安心感を持つ教師の存在もまた、作品批評活動の衰退の一因になっていると思えて仕方がない。

鈴木清隆氏はこの往復書簡⑦で、教科書編集の際に排除されたさねとうあきら氏の、いじめをテーマにした作品「バレンタインデー」(「飛ぶ教室」一九八四年　冬季号)について論じている。あえて「バレンタインデー」について、内容を現在の〈いじめ〉問題と結びつけながら、作品批評を試みている鈴木氏の主張は次のような考え方に基づいている。

自由な読書体験の保証とともに、読む力を育てること、つまり環境づくりと認識を深める方法の教授が教育の二大テーマです。二つ目の「認識を深める方法の教授」のテーマは、作品批評や作家研究の深まりと表裏の関係にあります。（中略）児童・生徒の読書体験の少なさも大きな課題です。そのことと同じくらい大きな課題が「教師の読みを深める力を衰えさせる」状況の進行です。

鈴木氏は教師の資質の問題を問いかけているといえるのではないか。教師の読みを深める力を衰えさせる状況の進行は速く、事態は深刻と受け止めていいかもしれませんと指摘している。教師の資質の問題に関わって言えば、教員養成課程の国語科教育法の先述した講義内容と密接に結びついていると言えるのではないだろうか。

大学の国語科教育法は、模擬授業と学習指導案の書き方の指導、これだけで教師の資質向上にはならない。鈴木氏の認識を深める方法の教授のテーマは、作品批評や作家研究の深まりと表裏の関係にあると述べている。そのことに大学の国語科教育法の講義が充分に答えているとは思えない。

たとえば、内容のない奇を衒った読解指導の方法として、文章論により読解指導が提言されると、それに影響されてしまう。一般論としての文章論ではなく、学校文法を基にした読解指導のことだが、この方法は山本有三が編集した国語教科書には通用するが、現在の国語教科書には全く通用しないのである。むしろ西尾実の主題・構想・叙述による読解方法が有効だと私は考えている。それを古いと言ってしまったのでは、認識を深める方法の教授はできない。明治時代以降脈々と続いている国語教育は、著しい変容を遂げたわけでもあるまい。日本語という言語の本質に変化はない。

ともあれ鈴木氏はさねとう氏の作品批評を試み、次のように位置づけている。

「バレンタインデー」は〈いじめ〉の課題を解くための一つの道筋を鮮やかに提示していると思います。高学年の子どもたちならこの作品を読み、〈いじめ〉をめぐってさまざまな議論ができると思います。登場人物が典型化され、役割がわかりやすく描きこまれているからです。〈いじめ〉をめぐって議論できる整理された展開の作品と言うことができると思います。その意味では教育的な役割をはたすことができるということです。当時はまだ教師の理解をえられなかったかもしれません。しかし現在ではずっと理解をえられると思います。〈いじめ〉問題の発生から乗り越えるまでの全過程を正面から扱っていて、様々な立場から考えることができるからです。こどもたちと共に考えを深める読書体験が可能な作品だと確信できます。

これは、鈴木氏の主張である認識を深める方法の教授のテーマは、作品批評や作家研究の深まりと表裏の関係にあるのだということを、見事に論証した上での結論である。

鈴木氏の往復書簡⑦に対して、さねとう氏は氏の往復書簡⑧で、鈴木氏の指摘にある物事を突き詰めて考えようとしない傾向について、児童文学の状況と重ね合せて書いている。その中に次のような記述がある。

むしろ意識して積極的に、さまざまな交流集会などに出て、教育現場の先生方と切磋琢磨しながら、自作を深めていった思い出のあるわたしには、かつて子どもたちとの大切な接点となった、教育現場との交流が細り、断絶しかねないこの現状に、ただただ長嘆息するばかりです。

児童文学と教育現場との断絶は、国語教育の側に責任があると言える。児童文学は国語教育ではない。こうした認識が今定着してしまっている。児童文学作品が教材化されているのだという認識がないのである。だから、必要な文学作品（文学教材）の批評が国語教育界には皆無なのが現状なのである。鈴木氏がさねとう氏の「バレンタインデー」を、二十三年前の一九八四年に〈いじめ〉を正面から取り上げた先駆的な作品と評価していることに対して、さねとう氏は『ぼうしさんのかくれんぼ』（一九八三理論社）という幼年童話も、先駆的な作品だよと書いている。そして、次のように記している。

発表当初、この作品は新聞でも取り上げられ、批評（紹介）が掲載されたりしたのですが、ちょっと気になる文言がありました。「学校通いに慣れた女の子は、下校途中、林の中で道草して遊ぶようになった」と執筆者は受けとめたのです。たしかに女の子は「いじめられた」とは口が裂けても言わなかったでしょう。それでも集団下校の同級生はみんな帰ってしまったのに、ひとり林に取り残されて、手が届きそうもない枝に掛かった帽子めがけて、飛んだり跳ねたりしている新一年生を想像すれば、その直前に何があったか、ピーンと来るはずです。そもそもそんな高い枝に、チビの女の子がどうやって帽子を乗せたのでしょう？　何のために？　もちろん真犯人は、下校班のなかにいます。きっと背の高い子が、黄色い帽子を取り上げて、ヒョイと高い枝に乗せてしまったのでしょう。それ

郵 便 は が き

料金受取人払郵便

八王子局承認

407

差出有効期間
2026年6月30日
まで

1 9 2 8 7 9 0

0 5 6

〔受取人〕
東京都八王子市
追分町一〇－四－一〇一

揺籃社 行

●お買い求めの動機
1, 広告を見て（新聞・雑誌名 ） 2, 書店で見て
3, 書評を見て（新聞・雑誌名 ） 4, 人に薦められて
5, 当社チラシを見て 6, 当社ホームページを見て
7, その他（ ）

●お買い求めの書店名
【 】

●当社の刊行図書で既読の本がありましたらお教えください。

読者カード

今後の出版企画の参考にいたしたく存じますので、
ご協力お願いします。

書名〔　　　　　　　　　　　　　　〕

お名前《ふりがな》　　　　　年齢（　　歳）
性別（男・女）

ご住所　〒

TEL　　（　　）

E-mail

ご職業

本書についてのご感想・お気づきの点があればお教えください。

書籍購入申込書

当社刊行図書のご注文があれば、下記の申込書をご利用下さい。郵送でご自宅まで1週間前後でお届けいたします。書籍代金のほかに、送料が別途かかりますので予めご了承ください。

書　　名	定　価	部　数
	円	部
	円	部
	円	部

※収集した個人情報は当社からのお知らせ以外の目的で許可なく使用することはいたしません。

でも女の子は、泣きもしないで歯をくいしばってがんばりました。お母さんの顔をみても心配かけまいと、「ぼうしさんとかくれぼ」と明るく言ってのける、小さな女の子の大きな優しさ、芯の強さ！

それを学校帰りの「道草」と誤解するのは、「文学作品を立体的につかむだけに成熟した〈知〉」に欠けると言わざるを得ません。

さねとう氏は書評者の貧弱な発想を指摘しているのだが、現場教師の方がもっと貧相なのかもしれない。国語科教科書が新鮮さを失って、マンネリ化してしまっているのは、教科書編集に関わる人たちもまた貧相なのかもしれない。いじめの問題が喧しく論じられているが、『ぼうしさんのかくれんぼ』そして『バレンタインデー』という作品を教材化し、子どもたちが自分の問題として考えていく場を、国語科の授業の中に取り込む必要性を今痛感している。

また、さねとう氏は灰谷健次郎の『兎の眼』について、次のように論じている。

すばらしい教師像とうたいあげればあげるほど、子どもは教師なんか選べない逆の立場ですから、「自分の担任は、こんなに良い先生じゃない」と羨むか当惑するか。〈エコひいき〉されてない多くの子らは、絶望感を深めるばかりでしょう。作者としては、（主に大人の読者に向けて）純粋な教育愛こそ子どもを救う、と訴えたつもりでも、このように理想的な教師に恵まれていない子どもにとっては、何の慰めにもなりません。〈大人寄り〉児童文学の不幸と言うべきでしょうか。

国語教育界も灰谷健次郎の作品に影響されて教師になり、純粋な教育愛こそ子どもを救うと考えている教師の存在も、大人寄りの国語教育の実践に明け暮れて子どもを不幸にしているように思われる。普通の子を確かな眼で見ることのできる教師であってほしいものである。問題児とされる子どもの本質を見極める必要もあるように思う。

さねとうあきら氏の往復書簡⑨は、鈴木清隆氏の往復書簡⑤に答えたもので、『死なずのお六』『風婆んば』『おこんじょうるり』について、作者としての自作に対する思いを語ると共に、作品創造の思想的根拠について語っている。

往復書簡⑤と⑨は、作者であるさねとう氏と読者である鈴木氏との論争といえるだろう。これは読者としての教師のありようを、鈴木氏が示唆したものだと私は受け止めた。もっともっと現場教師間で、このような論争が必要のように思える。それが生まれれば国語科教育は活性化するはずだ。その意味でお二人の論争を興味深く読んだ。国語科教育界にはこのような論争はない。作品の解釈（読解）をめぐって必要なことだといえる。

さねとう氏は往復書簡⑨を次のように締め括っている。

わたしの創作民話群は、常に〈共同体〉の枠外にしか置いてもらえない者の目で、自分を追い出した者の正体を見つめてきました。時には〈反社会的〉とそしられ、〈人間（民衆）不信〉と非難される場合もありましたが、その方向性を堅持するのをやめませんでした。と申しますのも、よくよく考えれば、世代ぐるみ社会の枠外に放置され、無権利状態のまま屈従を強いられているのは、〈子ども大衆〉でしょう。せめて彼らに応援歌の一つでも送り、少しでも活性化してもらいたかったからです。それゆえ、わたしの児童文学の方向性は、今もこれからも、微塵の揺るぎもないことを、ご理解いただけたら幸いですが。

さねとう氏の指摘するこの社会の異常さは、教育界に顕著に表れているように思われる。現在の教育がそれに気づかずにいるように思われる。さねとう氏の指摘はまさにその通りで、十六年前も現在もその本質的問題は解決されてはいない。〈子ども大衆〉が全て〈犯罪予備軍〉では決してない。

私も十六年前に同様の指摘をしたことがある。それは拙著『マンガと読書のひずみ』（高文堂出版社一九九八・九）所収の、「1　子ども文化を軸にした論争を――神戸の殺害事件で考えたこと――」と、「2　放課後の子ども文化――娯楽文化をとらえ直そう」という論文で論じてある。

鈴木清隆氏の往復書簡⑩はさねとう氏の往復書簡⑧⑨への返信である。さねとうあきら氏は往復書簡⑧で、次のように鈴木氏に問いかけている。

教員に限らず大人社会全般に、子どもが置かれている立場を理解せず、まして子どもの視点に立ってみるなんて、考えたこともない大人が充満していて、出口なしの閉塞状況に子どもを追い込んでいるのが、まず問題でしょう。いまだに「大人」を頑迷に堅持して、子どもを頭からみくだしてお説教の一つもたれる、わたしの言う〈大人寄り〉児童文学が圧倒的多数派で、マスコミから教育界にまで、こうした考え方が瀰漫した結果、今日児童文学本体を途方もなく歪ませている事実を、やはり附記しておかねばなりますまい。文学一般と異なり、そのスタンスが〈子ども寄り〉か、〈大人寄り〉か、それにより本質が異なってくるところに児童文学の難しさがある、と言えましょうか。先生は《書簡③》において「小学校学習指導要領」を紹介され、「この内容を読む限りでは〈教育的配慮〉が〈児童文学を失速させ、頽廃を招き、本来の読者である子どもへの伝達を遮断してきた〉と断ずるにいたりません」と述べておられます。しかし仮に悪意はなくとも、教科書に採用される教材には、わたしの目からみれば〈大人寄り〉のものがほとんどで、これでは子どもたちに煙たがられて、心を開いて読まれないのでは……と危惧します。おまけに読書コンクールの課題図書も同じ傾向で選ばれてしまうため、本来の読者である子どもを遠ざけて（活字嫌いにして）児童文学の歩みを失速させたり、子ども読者を想定しない作品作り（教科書の編集者や課題図書の審査員目当て）の方向への誘導、このジャンルを底無しの退廃に沈めてしまいました。このあたりの問題について、再度、先生のご見解をお聞かせいただければ幸いです。

この問題について、鈴木清隆氏は往復書簡⑩で、「この命題はいつの時代、どのような社会でもついてまわる問題だと思います。学校が制度として発足し、教科書が設定されると共に避けがたく現われた問題と考えてよいでしょうか」としたうえで、次のように書いている。

教科書に採用される作品と課題図書をひと括りして問題を論じることは正確さに欠けるかもしれません。しかし、二つの選定行為の結果は学校制度を基盤にして、子どもたちの前に立ち現われるという共通性があります。その意味で、選定行為の結果が子ども読者を想定しない作品作りの退廃に関わっていくとすれば、実におおきな問題です。

いったん制度が発足すると、制度が消えるまでついてまわる問題だとすれば、作品はそのシステムからどのようにして自立できるのでしょうか。単純ですが困難な問題です。なぜなら、今日の状況は作家が教科書に採用されること、また課題図書に選定されることを忌避すればよいと簡単に言えないからです。学校制度が制度疲労をおこすほどに社会にいきわたってしまっているからです。社会そのものが学校化しているともいえます。教科書の採用や課題図書選定の問題は、その影響が売れゆきにも直結するほどに浸透しているとさえいえるかもしれません。

ここまで、鈴木・さねとう両氏の往復書簡を読んで、教科書に採用される教材の問題と課題図書の問題は、深刻な事態に陥っていることがよく分かった。解決策はないのか、あるとすればそれはどういう方策なのか。私なりに考えてみると、作家と出版社（教科書を含む）にその解決策を求めるのは困難だろう。とすると教師がその役割を担う必要があるように思う。

教師は学校制度に組み込まれている。その学校制度を少しでも良い方向に変えていく努力を、小さな輪から大きな輪に広げていくことを目指していく以外にないように思う。

教科書の採択には建前と本音があると思うし、課題図書以外の子どもが本当に読みたい本を教師が選んでいるようにも思えない。課題図書の読書感想文コンクールの問題点を明確にする必要もある。それは教師の役割だと思う。しかし、私には課題図書の役割は終わったようにも思われる。このことの検討も課題だ。

鈴木清隆氏はこの往復書簡⑩で、さねとうあきら氏の『おこんじょうるり』『死なずのお六』『風婆んば』について、これまでの書簡をふり返りながら自らの思いを書いている。創作民話に関わるその内容は興味深い。また、鈴木氏の往復書簡⑪も創作民話に関わっている。ここでは『神がくしの八月』について論じている。この作品は戦時下の疎開体験をふまえて創作されたもので、戦争教材は反戦平和という図式ができているように思えるが、戦争教材はどうあるべきかを考えさせる問題提起ともなっている。これは先述した教科書に採用される作品（教材）の問題とも関わっている。それは解釈の道筋の一つでもある。

さねとう氏の往復書簡⑫では、鈴木氏の書簡から文学のありようについて、自らの思いを書いた部分は、国語科教育のありようの再考ともかかわっている。そして、鈴木氏の書簡⑩から考えたことを次のように記している。

四半世紀以前に警告した、「汗かかぬ肉体」の不幸は、二十一世紀を迎えた現在、「汗をかくべき身体」まで喪失しかけているのですね。これは由々しき問題です。遊びにも労働にも関わらず、「汗をかき忘れた人間」として育った子らが、やがてどんな未来に行き着くのか、考えるだけで怖くなります。わたしが講演して回ったころの子どもは「団塊の世代」の子で、今の子らの親になっています。その成長過程において、「思考や感情の土台である〈身体〉と出会う」ことなく育ったら、彼らが人の子の親となったとき、我が子に自分の「身体」を認識させるなんて、出来っこありませんよね。前の世代が身体を喪失した結果、さまざまな形で負わされた弊害・損傷は、その次の世代に至っていいっそう増幅され、もはや「人間」の領域を超えて、種としての「ホモサピエンス」の段階に至るかも知れません。乱れ飛ぶ「電波」に身を任せた結果、自らを破滅に追いやる異常行動に走るなんて、もはや「人間業」とは思えません。若年層に巣くった「自殺願望」の強さもさることながら、自殺しきれないから他者を複数殺害して、「死刑」を望む若者まで出現する世の中になりました。「自らを生かしめる生命力」すら「死（破滅）への情熱」に転化させており、先生のおっしゃる「想像力がマイナスに働く傾向」は、「種の保存」の危機につながっています。

国語教育でできることは微々たることかもしれないが、このような状況にどう対処するかを教師は考える必要がある。「想像力がマイナスに働く傾向」の紹介、それは想像力を十分に子どもたちに培うことができなかった結果ではないか。文学のもつ大きな力とは何かを教師は考えてみるべきだ。読書という準体験、国語科の授業でさまざまな教材から学ぶ準体験不足も原因しているように思われる。何を考えさせるかよりも、何をどのように教えるかを重要視する傾向は現在もある。すでに書いてあるが、再度記しておきたい。それは、大学の教員養成課程の国語科教育法のありように関わる。国語科教育法は学習指導要領の解説・指導案の書き方の指導・模擬授業で良しとする傾向にある。もちろんこれらは重要なのだが、それに加えて国語科教育の現在と未来等についての講義も必要だ。

鈴木氏の指摘している「想像力がマイナスに働く傾向」に関わって、往復書簡⑫でさねとう氏は次のように書いている。

先生は「長い間（三十五年間）多くの子どもたちや保護者に出会ってきた」なかで、「想像力がマイナスに働く傾向」に気づかれたとおっしゃっていますが、この「保護者」こそ、わたしが二十五年前に「遊びと労働」を呼びかけたあの子らだったと思うと、あれから三〇年余もかけて、社会的（国家的）に推進されてきた抗いがたい大きな力によって、このような歪みを生じさせた責任はどうなるのか、釈然としない気持ちに襲われます。昨今、包丁やナイフをふりかざして、やみくもに殺人に走る若者たちが目立つようになりましたが、社会正義の名のもとに、彼らを安易に非難する気にはなれません。むしろ自分の犯行動機さえ明らかにできない、周囲からは普通の子と見られていた「凶悪犯人」に対して、同情してしまう場合さえあります。若者ばかりに限りません。親が凶器をふるって、家族の皆殺し（たとえ一家心中であろうと）を図るケースもあり、たとえ親子であっても、殺すか・殺されるかの緊張関係を強いられるなんて、とても健全な社会とはいいがたいでしょう。このような地獄絵図を現出させてしまった要因は、先生の言を借りれば、「思考や感情の土台である〈身体〉と出会う（べき）幼児期・児童期」を取り上げてしまった社会体制にあり、とくに子どもたちの運命と深く関わってきた教育や児童文学の責任は、重大だったと言わざるを得ません。

さねとう氏は「このような地獄絵図を現出させてしまった要因は、先生の言を借りれば、「思考や感情の土台である〈身体〉と出会う（べき）幼児期・児童期」を取り上げてしまった社会制度にあり、とくに子どもたちと深く関わってきた教育の責任は重大だったと言わざるを得ません」と論じている。

教育の責任ということで言えば、ここでも教育的配慮が作用し、子どもをどう管理して指導するかが考えられたと言えるのではないだろうか。同時に幼児期の子どもの行動を、その本質を考えずに善と悪に形式的に判別して指導が行われた結果ではないか。例えば、喧嘩が悪で仲良しは善とする判別であるということの論証になると考えられるさねとう氏の次のような指摘がある。

七〇年代には、すでに教職にあった先生なら、よくご存知と思いますが、猖獗を極めた校内暴力を沈静化するため、警察などと連携して、強い措置を執る学校も増えてきました。すると学校現場が、にわかに風通しの悪い息苦しいものになり、かなり些末的なことまで「校則」で縛ろうとする、過剰な管理・介入が強まりました。こんなことをすれば、子ども社会をバラバラにして、彼らの自治能力を奪う方向にしか働かないのは、分かっていました。それでも強行したあげく、極めて陰湿な形で生まれてきたのが「いじめの問題」でした。いじめられっ子は無論のこと、いじめた子どもの心まで蝕む「社会の宿痾」として、解決のメドも立たぬ深刻な社会問題であり続けています。

校内暴力を犯罪と位置づけて、警察などと連携して措置がとられたわけだが、そこには生徒をどのように管理するかという視点もあったのだろう。いじめ問題がその延長線上で対処されているとすれば、その対処法を再検討する必要があろう。

鈴木清隆氏は往復書簡⑩で、さねとうあきら氏に次のように問いかけている。

教育や児童文学をめぐって〈子ども〉ということばは氾濫しています。現にわたし自身、毎日のように〈子ども〉ということばを使ってきましたが、実は〈子ども〉ということばを吟味せずに使用してきました。目の前にいる個々の子どもの総称として〈子ども〉ということばを使ってきたのです。しかしその〈子ども〉は教育制度としての学校を通してつかんだ〈子ども〉です。

柄谷氏の論理をかりれば「近代日本の「義務教育」が、子供を「年齢別」にまとめてしまうことによって、従来の生産関係・諸階級・共同体に具体的に属していた子供を抽象的・均質的なものとして引きぬくことを意味したということである」（P182）ということになるでしょうか。

これに対してさねとう氏は往復書簡⑫で次のように答えている。

実はこうした「社会的偏見」こそ、児童文学者としてのわたしが遭遇した、最大の難問でした。わたしたちは「物語」を書き上げるたびに、「これは○年生向きか」と編集者に問われ、作品のグレードを定めなければなりません。わたしは「○年生なんて言えない、全学年向き……いや、全人類向けだ」と、作家になりたてのころは、そんな大風呂敷を広げて、編集者を困らせたものですが、はかない抵抗も空しく、出版された本のオビには、「○年生向け」とちゃんと記されていました。たぶん学校図書室への売り込みの際に、こうした分類が役立つのかもしれませんが、作者としては「そんなレッテル、信用するな！　自分でちゃんと読んで考えろ」と、悪態の一つも吐きたくなります。

こうした弊害の最たるものが「課題図書」だと思います。小学校一年生から高校生まで、各学年別に「優秀な出版物」が選考されるとか聞きますが、それこそナンセンスの極みでしょう！　小学校一年生にとってすばらしい本は、どうして六年生向きではないのでしょうか？　かりに高校生が読んでも、それなりの手応えがあるのが優れた本であって、一年生しか読めない、四年生なら読めるといった、文学を冒涜するような判定をだれがやっているのでしょう。このように抽象的分別を平然とできる人たちが、批判精神と冒険心にあふれた作品なぞ優良図書と認めるはずもなく、保守的で穏健な本しか許さないことは、その選考システムを見ただけでわかります。

さねとう氏は児童書（児童文学）に、グレードを定めることに対して疑問を投げかけている。グレードの問題は子どもの発達段階とかかわる。それぞれの発達段階の特徴は、その年令の類型であって絶対的なものではない。にもかかわらず、読書対象を限定してしまうのは、これもまた教育的配慮だといえる。児童書の出版社は対象年齢が限定されると、『小学校学習指導要領（国語）』（文部科学省）の「別表　学年別漢字配当表」に照らし合わせて、作品の漢字表記をその学年に合った漢字表記に直す。

児童書としての児童文学作品は教科書ではないにもかかわらず、学年別漢字配当表による漢字表記にすることにどんな意味があるのか。必然的に交ぜ書きになる。二〇〇四年（平成一六）に国語教育のあり方を審議する、文化審議会の国語分科会は国語教科書の交ぜ書き、たとえば「成長」を「せい長」などとする交ぜ書きをやめ、早い段階から漢字表記のまま、子どもたちの目にふれさせる大切さを強調した最終報告書をまとめた。

学校教育に関わる提言は、中央教育審議会に諮られたわけだが、国語教科書は改善されていない。ただし、漢字学習は当該学年に限定せず、当該学年以前または以降の学年においても指導することもでき、振り仮名（ルビ）をつけるなどして提示できるとしているのだが。児童文学は教材ではないのだから、総ルビで出版してもいいわけだ。

教科書の教材に関わって、原典となる作品の改変は一九六〇年代に頻繁に行われたが、現在は原典主義が採られていて皆無だと思っていた。しかし、二〇一四年の現在も改変が行われている事実のあることを知って唖然とした。『文芸家協会ニュース』七四七号（日本文芸家協会　二〇一四年一〇月）の、「著作権管理部より先月の相談から」に、

十行も削除して、〈中略〉とせずに、勝手に「そのとき」という言葉をはさんであった。

というのである。相談者は「教育関係の編集者に改変について配慮がなさすぎる」と激怒している。国語教育研究者の教科書に採られるのは、作品ではなく教材なのだという認識が、教科書編集者の認識になっているのは驚きである。教科書教材として書き下ろされたのであればまだしも、作品として創作されたものを教材化するのだと認識を改めていただきたい。

鈴木清隆氏の往復書簡⑬及び⑭は、『神がくしの八月』を通して、〈いじめ〉と〈戦争〉の問題について論じた鈴木氏の分析と読みについてである。鈴木氏のこのような姿勢から、学ぶべきことは多い。ぜひ多くの教師にこの書簡⑬及び⑭を精読していただきたい。

鈴木氏は書簡⑭で、「〈マス・メディア〉という視点を導入するとき、『神がくしの八月』は、現在そしてこれからの状況を抉る作品として浮かび上がってくるように思います」と論じるとともに、「現在の

〈マス・メディア〉には事実と状況を把握しながらそのなかから問題提起しようとする粘り強い思考力が衰えていると判断しています」と論じている。

鈴木清隆氏が書簡⑭で論じている、このようなマス・メディアの思考力の衰えに影響された結果なのだろうか、教師の思考力も衰えさらに学生の思考力も衰えている。これはなんとかしなければならない問題だ。

さねとうあきら氏の往復書簡⑮は、鈴木清隆氏への返信で、『神がくしの八月』について作者としての創作の意図等が記されている。戦争児童文学のありようについての問題提起もなされていて興味深い。中沢啓治の『はだしのゲン』、瀬尾河童の『少年H』、そして山中恒の『間違いだらけの「少年H」』にふれながら、一九三五年生まれの体験をふまえての考え方が示されている。疎開学童であったさねとう氏の引きこもりの不登校児としての体験と告白は考えさせられる。

さらに、石川敦の『焼跡のイエス』にふれた後、

七〇年代に輩出した〈自伝的〉反戦文学の多くは、そもそもアノ戦争は間違った戦争であり、敗北することは開戦前から分かっていた。そんなアホな戦争に加担したら自分が愚か者だった証拠になる。予め戦争の実体を知っていた「賢者」（戦後感覚ででっちあげた作者の分身）を、いつも作中人物の傍らにおいて、読者に「誤った解釈」をさせないよう、話の筋を誘導する手法がとられました。こういう自己弁護・粉飾に塗れた「戦争体験」にいくら接したところで、戦争を実感するのにあまり役立たぬのではないか――わたしはかねがね危惧しておりました。

と論じている。その危惧の具体例として、今江祥智の『ぼんぼん』を取り上げて、自らの考え方を明解に論じている。反戦・平和教材にかかわる国語科教育のあり方を、あらためて再考する必要を示唆している。

敗戦直後の生活と教育についても論じている。当時の教育がどのような意味を持ち、児童・生徒にどのような影響を与えたのかを、さねとう氏は確かな考え方を示している。歴史は連続しているのである。さねとう氏の主張をふまえて、今日の教育のありようをしっかりと考えていく必要のあることを、しみじみと考えさせられた。

また、「君が代問題」にもふれている。この問題については、藤田圭雄の「『君が代』の履歴書」（『文学と教育』第23集　文学と教育の会　一九九二年）という、大部な論考がある。これらを通してあらためて考えてみることも必要だろう。

この往復書簡は、教育の正常化への問題提起であり、戦後史を考え直す必要性の提言でもある。教師のあり方の再考を促しているこの往復書簡から、学ぶべきこと多大であると最後に記しておく。

（東京学芸大学名誉教授）

さねとうあきら（実藤　述）

児童文学者・劇作家。1935年、東京に生まれ、早大文学部演劇科を経て、58年、劇団「仲間」に参加。61年には児童劇戯曲『ふりむくなペドロ』を書いて、鮮烈の劇作家デビュー、72年には創作民話集『地べたっこさま』を上梓して、児童文学にも筆を染める。この作品は日本児童文学者協会新人賞、野間児童文芸推奨作品賞などを受賞。以来、児童劇と児童文学の両分野で執筆活動を展開してきた。日本児童文学者協会評議員、日本劇作家協会会員。

鈴木　清隆

1947年生れ。東京学芸大学卒。都公立小学校の教員、副校長、校長を経て、学校法人聖心学園事務長。教科書編修委員、『ひと』編集委員、ＮＨＫ学校教育番組「あいうえお」企画委員等を歴任。著書として『ことば遊び、五十の授業』(太郎次郎社)、『国語授業を楽しくするゲーム＆パズル』(明治図書)、『お母さんの教育相談Ⅱ』(筑摩書房、共著)、『「ことば遊び」で国語授業を楽しくする』(明治図書)、『ことば遊びワーク辞典』(明治図書)、『国語教育における〈意味生成〉論序説』(私家版)、『詩＆童謡　夜なかのかぜがあそんでる』(てらいんく)、『林竹二、その授業と思想』(揺籃社) 等。短編小説「ごぜ奇譚」で長塚節文学賞 (優秀賞)。個人誌『模索』主宰。文芸総合誌『伽羅』同人。

対話——児童文学と国語教育をめぐって

2015年５月20日　印刷
2015年５月30日　発行

著　者　さねとうあきら　鈴木清隆

発　行　揺　籃　社
〒192-0056　東京都八王子市追分町10-4-101
㈱清水工房内　電話　042-620-2615
http://www.simizukobo.com/
印刷・製本／㈱清水工房

ISBN978-4-89708-352-0 C0095　乱丁本はお取り替えします。